アメリカは今日もステロイドを打つ　USAスポーツ狂騒曲

町山智浩

まえがき
もっとデカく！ 強く！ 速く！

1984年、ハルク・ホーガンはイラン人レスラーのアイアン・シークを倒すと、星条旗を振りかざしながら叫んだ。

「アイマ・リアル・アメリカン！」

俺こそが、本当のアメリカ人だ！ この筋肉こそ、本物のアメリカ男の証しだ！

ニューヨーク州ポーキプシーに住むベル家の3人兄弟は、その試合をテレビで観て天啓を受けた。

筋肉だ！ 筋肉だけが僕たちを本当のアメリカ人にしてくれるんだ！

ベル3兄弟はみんなイジメられっ子だった。長男マイクは肥満、次男クリスは背が低く、三男マークは学習障害だった。「デブ」「チビ」「バカ」と、学校であざ笑われ、殴られ、蹴られ、仲間はずれにされた。

そんな居場所のない3人にホーガンが道を示してくれた。筋肉だ。

3人は身体を鍛え始めた。

'80年代は筋肉の時代だった。大リーグでは、レスラー並みの身体をしたホセ・カンセコとマーク・マグワイアがバットを大振りしてバカバカとホームランを打っていた。スクリーンではアーノルド・シュワルツェネッガーが、シルベスター・スタローンが筋肉をうならせてアメリカの敵を倒していた。

筋肉こそアメリカだった。

ベル3兄弟は毎日バーベルを持ち上げ、プロテインを飲み、筋肉をつけていった。彼らをイジメる者はいなくなった。身体が大きくなるとそれだけで他の人よりも偉くなったような気がした。

高校を出ると長男マイクはプロレスラーを目指し、夢にまで見たWWEのリングに立った。三男マークは重量挙げ選手になった。一番背の低い次男クリスだけは大学を卒業してWWEのライターになった（WWEの展開にはシナリオがある）。

だが、3人には親にも言えない秘密があった。筋肉を強化するために合成ステロイド剤を常用していたのだ。

いや、彼らだけじゃない。ホーガンも、シュワルツェネッガーもステロイドをやっていたことを認めた。州知事になったシュワは「努力すれば勝利する。それがアメリカだ」と演説したが、彼がボディビルのチャンピオンになれた理由は努力だけじゃなかったのだ。

「それってテストでカンニングするようなものじゃないか」

幻滅した次男クリスはステロイドをやめた。そして考えた。

「どうして僕らは、薬物を使ってまでたくましくなろうとするのか？」

その答えを見つけるため、クリスは２００８年にドキュメンタリー映画を撮った。その名も『ビッガー、ストロンガー、ファスター（もっとデカく、強く、速く！）』。

幻滅はアメリカ全土を覆っている。ホームラン記録を打ち立てたバリー・ボンズも「ステロイドだと知らずに使用したこと」を認めた。ステロイド使用を認めたマリオン・ジョーンズはシドニー五輪の陸上で獲得した５つのメダルを剥奪された。カンセコは自分もマグワイアもステロイドをやっていたと告白した。

しかし、プロアスリートはステロイド使用者のわずか15％、氷山の一角にすぎない。残りの85％はベル兄弟のようなアマチュアや学生だという。

ステロイドは議会でも問題になった。ブッシュ政権は学校でステロイドの危険性を教育するプログラムに巨費を投じた。

ステロイドの危険性として一番に挙げられるのは「ロイドレイジ」だ。ステロイドには怒りや憂うつ、自殺衝動を誘発する副作用があるといわれ、ＷＷＥのレスラー、クリス・ベノワもそれが原因で妻子を殺して自殺したといわれる。

しかし、『ビッガー、ストロンガー、ファスター』で監督のクリス・ベルが医学関係者に取材調査した結果、ロイドレイジが起こるのはステロイド使用者の5％にすぎないと判明する。

「たとえステロイドが本当に危険だとしても、『医学的に危険だからステロイドを使うな』という論理は弱いんだ」クリスは言う。

「それならば安全な筋肉増強剤が開発されたら使っていいことになってしまうからだ。問題は、薬を使ってまでデカく、強くなろうとすること、そのモラルなんだ」

現副大統領のジョー・バイデンは議会で「薬を使って強くなるのは反則だ。アメリカ的ではない」とスピーチしたが、クリスは「いや、その逆で、ものすごくアメリカ的だと思うよ」と反論する。

クリスは、アメリカの人体増強の歴史を掘り下げていく。合成ステロイドは米ソ冷戦時代に誕生した。ソ連のオリンピックの重量挙げチームがステロイドを使っていると聞いたアメリカチームが化学者に開発させた。アメリカは負けず嫌いだ。

そのころからオリンピック選手はステロイド漬けだったという証言が出てくる。まだ発覚していなかったし、合法だった。だから'67年当時シュワルツェネッガーも「ステロイドは筋肉作りに役立つ」と無邪気に認めていたのだ。

ステロイドが生まれてからスポーツ選手の身体は急激に変化していった。そもそもアメリカンコミックのヒーローたちはみんな筋肉モリモリだった。星条旗の前でたくましい胸を張るスーパーマンがアメリカの男の理想として子どもたちに刷り込まれた。そんな男はマンガの世界にしかいないのに。ところがステロイドがそのありえない身体を現実にしてしまった。

デカく、強く、それはアメリカの思想だ。スーパーサイズのハンバーガーとコーラをむさぼり、戦車のようにガソリンを食らうＳＵＶやトラックを好み、ガソリンを求めて戦車や爆撃機で他国に攻め込む。

「男だけの問題じゃない。人体改造は女性のほうがすごい」とクリスは言う。

シリコンで乳房を膨らまし、フェイスリフトとボトックスでシワを取り、リポサクションで脂肪を吸引する。実は、ステロイド剤は筋肉増強以上に女性の若返り用に消費されているのだ。

絶対に発見されないドーピングも増えていく。アメリカには、息子をバスケットボールの選手にしたいために、成長期の子どもに成長ホルモンを投与する親が実際にいる。もちろん絶対に検査には引っかからない。

「もうすぐジン（遺伝子）ドーピングの時代が来る」

そう言って、クリスは遺伝子操作で作られた筋肉牛を見せる。全身すさまじいばかりの筋肉の塊だ。遺伝子操作で超人が生まれたとき、スポーツ界はどう対応するのだろうか？

身体は科学の力でいくらでも増強できる。では、心は？　もちろんだ。アメリカ人は「不可能」という言葉が嫌いだ。

プロレスラーの多くがリングでテンションを上げるために覚醒剤やコカインなどアッパー系の薬物を常用し、それで死亡する事件が相次いだ。しかし、薬物で精神をコントロールすることはアメリカ人の日常になっている。

クリスはアメリカのクラシック演奏家の半数がステージでベータブロッカーという「アガらない薬」を使用していると知る。また、学生たちは試験前に勉強するとき、「スタディドラッグ」を服用する。アデラルという商品名だが、成分はアンフェタミン。つまり覚醒剤だ。

アメリカ空軍はその発足時から、出動するパイロットたちにアンフェタミンを服用させている。日本は第二次世界大戦時にヒロポンを兵士に与えたが、アメリカではそれが今も続いているわけだ。イラク戦争に従軍した兵士たちは本当にプロザック（抗うつ剤）を支給され、躁状態《そうじょうたい》で戦闘していた。

アメリカ人は朝、目覚めると興奮剤を飲んで気合を入れて出勤し、悲しみは抗うつ剤、怒りは精神安定剤で鎮め、バイアグラでボッキさせてセックスし、睡眠薬を飲んで眠る。今の精神状態が自然なのか、薬物で作られたものなのかわからなくなっていく。心も身体も人工的なバーチャルリアリティに生きている。

シルベスター・スタローンは還暦にもかかわらず『ロッキー』『ランボー』の二大ヒーローを演じ、その筋肉美で世間を驚かせたが、'07年、オーストラリアに違法とされるステロイド剤を持ち込んで逮捕された。当初、彼は「持ち込んだのは成長ホルモンだけだ」と主張していたが、最終的にステロイド剤も所有していた事実を認めた。その後もスタローンは「あれはテストステロンだ。ステロイドじゃない」などと言い訳しているが、テストステロンとはステロイドの一種である。


この本は、「ビッガー、ストロンガー、ファスター」という言葉に象徴されるアメリカンスポーツの世界で日夜繰り広げられる、異常な事件、笑えるニュース、悲しい出来事、感動的な物語を、アメリカに暮らす異邦人の目から見たコラムとして収録しました。

身体以外に何ももたない貧しい者が億万長者になれるスポーツの世界ほど、アメリカンドリームを代表するものはありません。

「シュワルツェネッガーは一文なしのオーストリア移民だったが、筋肉で成功し、州知事にまでなった。アメリカンドリームだよ」

『ビッガー、ストロンガー、ファスター』で、ひとりのボディビルダーがそう語ります。彼は、映画『オーバー・ザ・トップ』('87年)でシルベスター・スタローンと腕相撲を演じた男ですが、50歳過ぎた今も身体を鍛え続けています。でも定職はなく、家もなく、自動車に寝泊まりしています。ジムでたまにボディビルのコーチをした収入は全部ステロイド剤に消えていきます。彼には筋肉以外に何もありません。
ちなみに、『ビッガー、ストロンガー、ファスター』の副題は「アメリカ的になることの副作用」といいます。

二〇〇九年一月

目次

まえがき　もっとデカく！　強く！　速く！——3
［第1章］　強さこそはすべて　——All You Need Is To Be Strong——19
「ボンズだってやってるんだ！」／「スポーツバカは腕立て千回！」／アメリカには星一徹がいっぱい／カンセコの巨大バットと極小ボール／生卵イッキとペニス増大器の産みの親／クリス・ベノワの悲しきラブストーリー／さまよえるサーファー大家族／ウガンダの少年兵から世界王者へ
［第2章］　悪魔に挑む男たち　——Daredevils——55
マラソンのゴールを越えて走り続ける男／スケボーなんて、もういらない？／イーブル・クニーブルはイーブルだった／地上３６０メートルのゆるゆる綱渡り／極悪モトクロス軍団、神に目覚める／ヨットで世界一周に挑んだ16歳

［第3章］　スポーツ犯科帳 ――Sports Crime File―― 83
ロッキーになれなかったボクサーが自殺／名探偵は強迫神経症のサッカー選手／NASCARの夢を食った黒後家グモ／境遇を超えた友情を砕いたハンマー／戦うことしか知らない悲しい犬たち／NFLのウォーターゲート事件／ホーガンは何でも知っている？／女に撃たれるスター選手たち

［第4章］　私を観戦に連れてって ――Take Me Out To The Ball Game―― 117
「ヘイ・ソンク」の歌手はロリコン野郎／ポンポン振るのに脳みそはいらない？／「チョット、ボール、ナゲテクダサイ」／「いっそ一度も優勝しなければよかったのに」／野球カードになぜホッケー選手の名が？／「殴られても大ファンです！」

[第5章]　アメリカンスポーツの殿堂――Only In America――145
史上最高齢の現役女子レスラー／「ぶっつけないレースなんて女々しいぜ！」／地獄の聖母がスケートはいてやって来る！／聖火台でバーベキュー！／アメフトのヘルメットは丸くなかった／ダンクシュートは反則だった？

[第6章]　多民族国家のバトルロイヤル――Racism In Sports――177
インディアンは「アワワワワ」なんて言わない／知的障害者になりすまし、ってヤバくない？／スーパーボウルMVPのカルビ・パワー／アホな野球選手を宗教で飼いならそう！／「4千万ドルもらっても奴隷は奴隷だ！」／ハチのように刺し、ラップのように話す／NFL唯一の「日系人」の目はグリーン／差別DJじいさん、女子大生に謝罪／ドミニカはメジャー・リーグの植民地／「オールアメリカン」なのに白人だけ？

［第7章］　敗れざる者たち　——The Undefeateds——　223
『ミリオンダラー・ベイビー』を書いたカットマン／「殺人ボール」は車椅子の『マッドマックス』／片脚のスキーヤー、黄金のほほえみ／義手も義足も言い訳もいらない／人民寺院の息子を救ったバスケットボール／「ボールの射出角度を計算しちゃうんだ」／ウィリアム・ペンの呪いが解けた！／プロレスラーはキリストである／ホームランできなかったら、どうする？

あとがき——262

解　説　水道橋博士　263

アメリカは今日もステロイドを打つ

USAスポーツ狂騒曲

第1章

強さこそはすべて

All You Need Is To Be Strong

「ボンズだってやってるんだ！」ステロイドが殺した学生アスリート——◆'05年1月

2002年10月1日早朝、24歳の元カレッジベースボールの外野手ロブ・ガリバルディは、射撃場から盗んだ357マグナム拳銃で自分の頭を撃ち抜いた。「大リーグ入りの夢破れて自殺」と報じられたが、この事件が2年後、再び掘り起こされている。

理由はステロイド問題だ。サンフランシスコ・ジャイアンツのホームラン王バリー・ボンズが「筋肉増強用ステロイドだと知らずに使用したこと」を認め、プロスポーツ界に蔓延《まんえん》する薬物の規制は国政レベルで討議される大問題に発展した。

国家衛生局長リチャード・カーモナも「危惧すべきはプロスポーツの倫理だけではない」と言う。「青少年に与える影響だ」と。自殺したロブは死の直前、父にステロイド使用をとがめられたとき、「ボンズだってやってるんだ」と反論したという。

'04年12月19日付の「サンフランシスコ・クロニクル」紙によれば、ロブが薬と出会ったのは高校の野球部にいたころだった。トレーナーが「君はあと10キロほど筋肉を増やす必要がある」と言って筋肉増強剤を手渡したのだ。彼はスポーツドラッグのセールスマンを兼ねていた。

大学に進学して野球部に入ったロブはもっと強力なステロイドが欲しくなった。それには医者の処方箋がいる。そこで友達と車でメキシコ国境を越え、闇医者に金をつかませてステロイドを手に入れた。彼は友達の目の前で自分の尻に注射してみせた。筋肉は目標の10キロ以上増強され、大学1年目のシーズンで14ホームランを叩き出し、名門USC（南カリフォルニア大学）の奨学生に選ばれた。

このUSCでもロブは「さらに10キロ増やせ」と言われ、ステロイドを打ち続けた。薬漬けになった彼は他のドラッグにも手を出した。大学の勉強についていくため、学習障害者用の向精神薬も服用し始めた。崩壊が始まった。落第し、落ち込んでいたかと思うと突然激怒してバットを振り回して暴れるようになった。さらに恒常的な眠気に悩まされ、授業中どころか野球の練習中にも眠りこけて、ついには野球部を退部させられ、奨学金も取り消された。

怒りや睡魔はステロイドの副作用だとハーバード大学のハリソン・ポープ博士は言う。博士によるとステロイド常用者の精神は不安定になり、激怒と絶望の間を激しく揺れ動き、最悪の場合、自殺する。

'02年6月、大リーグのドラフトが行なわれた。ロブにとってこれが最後のチャンスだったが、結局、指名されなかった。彼はこんなことを口走った。

「キャメロン・ディアスが僕のプレイを見にくるんだよ」

そして「僕はキリストだ」と言ったり、テレビに向かってひとりで話し続けたりの奇行の果てに自殺した。

セントラル・ミシガン大学のトレイシー・オルリッチ博士の調査によれば、10代のステロイド使用者の数は'03年に30万人に達したという。カリフォルニアなどの州は未成年のステロイド購買を禁止しているが、オンラインで簡単に買える。先のポープ博士は著書『アドニス・コンプレックス』で、アメリカ人のステロイド使用の原因は、「子どものころからG.I.ジョーのような肉体を理想として刷り込まれることだ」と論じているが、それ以上に問題なのはスポーツマンをアメリカンドリームの象徴として崇拝しすぎる風潮だろう。

名門大の奨学生やプロ入りして億万長者になるのを夢見るのは子どもだけではない。アメリカではスポーツ選手となるには身長が足りない成長期の子どもに対してHGH（成長ホルモン）を与える親が増えているという。HGHは合法だが末端肥大など副作用がある。

「USニューズ」誌'04年7月7日号によれば、小学校4年生のバスケット人口47万人に対して、大学の選手数は3部まで入れても4千人にすぎない。そこからNBAに入れる数は毎年30人だ。野球やフットボールも推して知るべし。そんな可能性の低い博打のために子どもの身体を賭けるか。

'04年春にもテキサスのプラノ・ウエスト高校のバスケ部員クリス・ウォッシュが高速道路に陸橋から飛び降り自殺しようとした。原因は友人の野球部員が首吊りしたからだ。クリスもその友人もステロイド常用者だった。「バスケは僕のすべてだった」と語る彼は今、更生施設で目標を失って呆然としている。

「スポーツバカは腕立て千回！」
底辺高校生を救ったコーチ・カーター――◆'05年2月

２００４〜０５年、ハイスクールスポーツの実話をもとにした映画が次々に封切られた。そのなかで全米ナンバーワンとなった２本、『フライデー・ナイト・ライツ』（邦題『プライド　栄光への絆』）と『コーチ・カーター』はどちらもコーチが主人公だが、内容は完全に正反対だった。

『フライデー・ナイト・ライツ』は１９８８年、テキサス州の田舎町オデッサの高校のアメフト部が州大会優勝を目指す実話の映画化。……と聞くと、よくあるスポーツ感動作のようだが、そうではない。ここで描かれるのはアメリカの「アメフト病」の凄《すさ》まじさだ。

油田の町オデッサは当時、原油価格の下落で不景気になり犯罪が激増。「フォーチュン」誌の「全米で最も住みたくない町」にランクインするほど荒廃してしまった。そんな町の住民の唯一の生きがいは高校のフットボールだった。なにしろ人口たった９万人なのに高校の試合には２万人が押しかけるほどだ。アメフト部員は貴族扱いで、授業に出なくてもおとがめなし。酒も女もやり放題（高校生だが）。親も親で、試合で活躍できないと「選手に勉強させすぎるからだ」と教師を非難する始末で、雇われコーチのゲイリー・ゲインズ（ビリー・ボブ・ソーントン）は、朝から晩までプレッシャーをかけられて「負けたら夜逃げしかない」と追い詰められる。

『コーチ・カーター』も『フライデー・ナイト・ライツ』とそっくりの状況から始まる。'97年、カリフォルニア州のリッチモンド（筆者の家のご近所）は黒人とメキシコ系の貧困層が多く住む地区で、高校の成績はベイエリア地区で最低。生徒の半数が落ちこぼれて犯罪に走る。ただバスケットボール部だけは地区優勝の経験もあり、唯一誇れるものだった。

そんなリッチモンド高校に、卒業生で高校時代はバスケの名選手だったケン・カーター（サミュエル・L・ジャクソン）が帰ってくる。カーターはスポーツ用品店の経営者として成功したビジネスマン。ケガで入院したコーチに代わって3週間だけ臨時に雇われたのだ。その3週間でカーターは6試合連勝させてしまったので、学校も選手も親もカーターを正式なコーチとして迎え入れようとした。そこでカーターは20の条件を出したが、それはバスケとは直接関係のないものだった。

まず「選手はＧＰＡ２・３を維持すること」。ＧＰＡは生徒の学力の平均点で、４点が満点である。そして以下の条項が続く。「選手は絶対に授業をサボらない」「教室の一番前の席に座る」「必ず手をあげて教師に質問する」「宿題は必ず提出する」等々。この条項を破ったら腕立て伏せ千回。そしてGPAが2・3以上に達しない選手がひとりでもいれば試合も含めて部活を一切中止して勉強する。

これには生徒も親も猛反発した。「バスケでプロになるんだから勉強なんてどうでもいい」と叫ぶ彼らにカーターは言った。

「最低のGPAを維持しなきゃ大学に進学はできない。そうしたらプロもありえない。この町の大学進学率は4％だが、刑務所に入る者はその80倍もいる。8倍じゃない。80倍だ」

これは脅しではなかった。'99年、数人の部員のGPAが2・3を割ったので、カーターは体育館をロックアウトして、選手に図書館で補習させた。公式試合も欠場した。13連勝して絶好調だったのに何てことを！　学校側も激怒した。地域全体がカーターに敵対した。この事件は全米を巻き込む大論争へと広がった。「スポーツ至上主義に目がくらんでいるアメリカ人の目を覚まさせた」と、カーターを絶賛する声が圧倒的だった。リッチモンド高校は優勝は逃したが、選手のほとんどが名門も含む大学に進学した。

「すべてのプロスポーツ業界で選手として働く者は全米でたった2400人しかいない」とカーターは言う。

「そんな可能性の低い夢にかけて、子どもたちの将来を潰してはならない。普通の職種、たとえばマイクロソフトは1社だけで1万人以上の従業員がいるんだから」

アメリカには星一徹がいっぱい
スポーツ教育のモンスター・ペアレンツ——◆'05年7月

テキサス州に住む8歳の少女サラは、夜明け前に家を出て朝6時45分からチアリーディングのレッスンを受ける。「眠いようママ」とグズるサラに母親のシャロンはぴしゃりと言う。

「立って着替えなさい。あなたには選択の自由はないの」

ブラボー・チャンネルのテレビ番組『スポーツキッズ、マムズ&ダッズ』は毎週、そんな児童虐待まがいのシーンの連続だ。全米から選ばれた5組の〝スポーツ親子〟の日常にカメラが密着取材する。

学生時代にチアリーダーになれなかった母シャロンは、娘サラがおむつのとれないころから特訓を開始した。サラは6歳にして全米大会で準優勝。しかし毎日、昼前に学校に母親が現われ、娘を早退させる。サラは週7日、ダンスやバレエのプライベートレッスンを受けている。その費用は年間1万5千ドル。鍛えられたサラは8歳なのに腹筋が6つに分かれている!

ロサンゼルス郊外に住むクレイグも学生時代はフットボール選手。だがプロにはなれなかったので、息子トレントがよちよち歩きを始めるとボールを持たせアメフトを教えた。クレイグは定職にも就かず、日雇いの肉体労働をしながら朝から晩まで8歳の息子とアメフトをするリアル星一徹。

「一流大学のアメフト部から奨学金付きで呼ばれるぞ」と夢を語るクレイグの頭には、自分でちゃんと働いて息子の学費を稼ぐとか、息子にちゃんと勉強させて大学に行かせるという発想はない。なにしろ「宿題があるから」と息子がトレーニングを嫌がると怒ってちゃぶ台をひっくり返すのだ（ちゃぶ台はウソ）。

コネチカット州の母カレンは最近離婚した。そして、娘のカーリ（17歳）に乗馬を習わせるために自宅を抵当に入れて馬を買った。しかし馬の維持費は莫大だ。カレンは午前は教師、午後は看護師、そして夜はレストランのウエイトレスをして働いて身体はボロボロ。この番組に応募したのが出演料目当てなのはいうまでもない。

どの子どもも、他の子たちと遊んでいる姿はほとんど出てこない。たまに遊んでいても母親がその腕をつかんで「さあ、おけいこよ」と連れ去ってしまう。番組のスタッフから「子どもには友達とか勉強とか、スポーツよりも大事なものがあるのでは？」と問われたクレイグは、「いや、フットボールは本人の希望だから」と反論する。「なあ！トレント、お前はフットボールが大好きなんだろ？」。父にそう聞かれたトレントは

「……うん」としか答えられない。物心ついたころからそれしか知らないし、友達もいない彼には父だけがすべてだから。

試合や大会は子どもたちにとって最も恐ろしいときだ。シャロンやクレイグは客席からハッパを掛け、敵に罵声《ばせい》を浴びせる。子どもたちが失敗すると慰めるのではなく「お前は親に恥をかかせた」と責める。子どもは試合で勝つが、大喜びの父クレイグに対してトレント本人は笑顔もなく、ただ「パパを怒らせないですんだ」と安堵のため息をつくだけ。アメリカでは娘をチアリーダーにするため母親が娘のライバルを殺そうとしたり、子どものホッケーの試合の判定をめぐって父親が相手の父親を刺し殺す事件まで起きている。

「USニューズ」誌'04年6月7日号のピーター・ケアリーの記事によると、全米の6歳から17歳までの子どもでスポーツチームに所属している人口は2600万人。全体の約60％に及ぶという。しかし、そのうち70％が高校卒業までにやめてしまう。

チアリーダーの場合、たとえトップに上り詰めたとしても最高峰はダラス・カウボーイズの「カウガールズ」止まり。その年収は10万ドルに満たず、グラビアモデルなどのバイトは厳しく禁じられているし、30歳までには引退させられる。シャロンは40歳すぎた後の娘の人生について何も考えていない。

たしかに英才教育からタイガー・ウッズが生まれ、イチローが、卓球の愛ちゃんが、亀田兄弟が、宮里藍が、横峯さくらが生まれた。が、その背景には何百倍もの子どもたちが親の夢を背負わされ、友達もつくれず、教養も常識もない人間に育てられている。ガキのころからスポーツ以外に何もなかった彼らは、プロとして成功しなかった場合、残りの人生をどうするのか？　そう、自分の子どもにまた夢を押しつけるのだ。

カンセコの巨大バットと極小ボール
ステロイド・スラッガーの妻が暴露本——◆'05年10月

「こんなオチンチン見たことない」

ホセ・カンセコとベッドインした19歳のジェシカは驚いた。

1988年に42本塁打と40盗塁を記録したアメリカン・リーグMVPのバットは大リーグ級に大きかった。しかし、その下の2個のボールはリトルリーグ並みだったのだ。

これは2005年に出版されたカンセコの元妻ジェシカの手記からの抜粋。'05年2月に出たカンセコの本『ジュースド（クスリ漬け）』（邦題『禁断の肉体改造』）のモジリで『ジューシー』という書名がついている。これがタイトルどおりのツユダクな本だった。この2冊を読み比べてみよう。

カンセコの『ジュースド』はステロイド問題に揺れる大リーグへの自爆テロだった。彼はオークランド・アスレチックス時代に「バッシュ・ブラザーズ」と呼ばれた相棒マーク・マグワイアと互いにステロイドの注射を尻に打ちあった仲だと告白した。さらにイバン・ロドリゲス、ラファエル・パルメイロ、フアン・ゴンザレス、ジェイソン・ジアンビなどのMVP受賞者が全員ステロイド常用者だと暴露した。書かれたマグワイアたちは「カンセコは離婚で金に困ってデタラメを書いている」と反論したが、カンセコはウソをつくような男じゃない。それほど頭がよくないからだ。

「俺はウソつくのヘタなんだから、問い質《ただ》すなよ！」

妻ジェシカに浮気を疑われたカンセコがそう言って逆ギレする場面は『ジューシー』の笑いどころだ。

カンセコの『ジュースド』はステロイドを告発した本ではない。「ステロイドは最高だぜ！」とカンセコは開き直ってみせる。筋肉マンになれるのはもちろん、ペニスも太く大きくなってモテモテだぜ、と。逆に睾丸は収縮し、精子は全部死んでしまう。それが小さなボールの原因だったわけだ。避妊の必要がないから便利だと喜ぶカンセコは今まで300人以上の女性とセックスしたと自慢している。

「でも、セックスは超ひとりよがりだったわ」とジェシカは書く。カンセコはまったく女性を感じさせようとしないばかりか、いつもバックで攻めながら、寝室の壁の大きな鏡に映ったギリシャ彫刻のように美しい自分の顔と身体を見て、ウットリと射精するというのだ（おまけに避妊具をつけないから、ジェシカは同居していた8年間に4回も病気を感染させられている）。

「ステロイドは使い方さえ正しければ副作用はない」とカンセコは言いきるが、そこでも妻の言い分は違う。

「'90年代のカンセコは故障ばかりだった。それはステロイドで人工的に強化された筋肉に身体が耐えられなくなったからだと思うわ」

ステロイドの副作用として最も問題になっているのはうつ病だ。

「ホセは自宅にいるときは何も言わず、何もせず、じっと座って塞《ふさ》ぎ込んでいた」

大学や高校のアスリートが何人もステロイドのために自殺し、遺族はステロイドの厳しい規制を訴えている。うつと同時にカンセコは猜疑《さいぎ》心が強くなり、いつも私立探偵を使って妻を監視していた。おまけに激昂《げっこう》するとコントロールできない。ステロイドの副作用による「ロイドレイジ」だ。前妻（ミス・フロリダ）の自動車をフリーウエイでカーチェイスして彼女を殺しかけたこともある。

夫の浮気に愛想が尽きたジェシカがあてつけのためにNFLカンザスシティ・チーフスのトニー・ゴンザレスと浮気したとき、カンセコは「ストリートスイーパー」を取り出したと自分で『ジュースド』に書いている。「サメを撃つために買った」というストリートスイーパーは12連発ドラム弾倉つきショットガンで、その名のとおり、これ1挺で街を制圧できる火力を誇る。カンセコはその銃身を自分に向けて引き金を引こうとしたが、生後数カ月のひとり娘の泣き声で我に返ったという。

「あたしが1回浮気したぐらいで大げさね」ジェシカは笑う。「自分は何百人もとしてるくせに」

ある日、ジェシカは夫の携帯にかかってきたガブリエルという女の電話をとってしまった。彼女はニューヨークのコールガール組織の元締めだった。「うちの亭主はたいしたお得意様なんでしょうね！」と怒ったジェシカだが、ガブリエルは、こう答えた。

「あんたのダンナはクズだよ」

カンセコは部屋に呼びつけたコールガールに「ほら、スーパースターと寝られるんだぜ」と言って逆に金を要求していたのだ！

とうとうジェシカは、クラブで美女を誘って自宅に連れ帰り、カンセコにあてがうようになる。知らないところで浮気されて苦しむよりは目の前でされたほうがマシと思ったのだ。

それにしても、こんな男とどうして何年も結婚していたのか？　ジェシカはオハイオの貧しい家庭出身の田舎娘で、教師だった父親は家ではまったく口をきかず、娘への愛情を示さなかった。ジェシカは幼いころから冷たい父親の関心を引こうと、必死で可愛く振る舞ってきた。カンセコもジェシカとの間に会話がなかった。彼女の気持ちに無関心だった。たまに口を開くと「君のその鼻、大きすぎるな」。ジェシカは夫に愛されようと何度も整形手術を繰り返した。

カンセコがジェシカと話さないのは話題がないせいでもあった。少年時代に母を失ったカンセコは父親から野球だけを教えられ、野球以外には何も知らなかった。父は息子を決して誉めたことがなかった。大リーガーになっても「お前は役立たずだ」と罵《ののし》り続けた。父に植えつけられた自己嫌悪の裏返しがカンセコの自己愛につながっているのでは？　とジェシカはちょっと同情する。

『ジューシー』には最後にサプライズがある。ジェシカの父が心臓発作で急死し、故郷に帰った彼女は父の遺品から手紙の束を見つける。それは父の恋人たちからのものだった。恋人たちは男性で、女性の下着をつけて化粧して肛門にディルドー（性器の形をしたコケシ）を挿し込まれる父の写真が次々に出てきた。真面目で無口な老いた田舎教師の本当の姿がそこにあった。人生、どこにでも闇が隠れている。

『ジューシー』で夫以上に軽蔑の対象となっているのは他の選手の妻たちだ。ステロイドも女好きもカンセコだけの問題ではない。でも、彼女たちはセレブな生活と引き換えに、闇から目をそむけ、自分を偽っている。

「わたしはもうたくさん」

ついに離婚したジェシカは莫大な財産を分与され、『ジューシー』発売と同時に「プレイボーイ」誌でヌードを披露した。夫のために改造を繰り返したボディを。

生卵イッキとペニス増大器の産みの親
健康教の教祖バーナー・マクファーデン――◆'07年1月

齢《よわい》59歳のシルベスター・スタローンが再びリングに立った『ロッキー・ザ・ファイナル』('06年)を観た。

レストランの経営者として静かに暮らしていたロッキーが、世界チャンピオンとのエキシビションマッチに招待されるという、必然性も緊迫感もないストーリーについては、文句を言ってもしょうがない。名曲『ゴナ・フライ・ナウ』をBGMにロッキーがサンドバッグ代わりに肉を叩き、フィラデルフィア美術館の階段を駆け上がる、それだけで涙腺が緩んでしまう。おなじみの生卵を5〜6個割ってコップでイッキ飲みも、ひさびさに登場。30年前の中学生はみんなマネしたもんだ。

この〝生卵イッキ飲み〟はどこから始まったのか? 調べてみると100年以上前に〝世界で初めて健康を産業にした男〟バーナー・マクファーデンまでさかのぼれる。

1866年、アメリカに生まれたマクファーデンは背が低く痩せっぽちで病気がちな少年だったが、そのコンプレックスに打ち勝つべく、当時始まったばかりのボディビルディングで身体を鍛え上げた。さらに栄養学を学んだマクファーデンは独自の健康理論を確立し、それを出版した。

「身体が弱いのは罪だ。犯罪者になるな！」という過激なスローガンを掲げたマクファーデンは、生卵や牛乳、野菜とビタミンの重要性を説き、肉やジャンクフードの危険性を警告して全米各地を回った。そして講演会では自ら服を脱いでギリシャ彫刻のようにたくましい肉体を披露した。

マクファーデンはトレーナーとしてチャールズ・アトラスというボディビル選手を育て、数々の大会で優勝させた。そしてアトラスに観客の前で生卵をゴクゴク飲ませた。卵を生で食べる習慣のないアメリカ人にはショッキングだったろう。ここから〝生卵伝説〟が生まれたのだ。

'99年、マクファーデンは雑誌「身体文化（フィジカルカルチャー）」を創刊。これが爆発的に売れた。健康な肉体の見本として、ボディラインがはっきり見える下着姿の女性の写真を載せたからだ。まだ厳格なピューリタニズム（清教徒主義）が残っていた当時のアメリカでは、これでも立派にエロ本の役目を果たしたのだ。さらに「身体文化」は、セックスを健康的な行為として奨励し、性病の恐ろしさを解説した。しかし、セックスについていかなる出版も許されない時代だったので「身体文化」は猥褻《わいせつ》図書とされ、マクファーデンは逮捕された。

それでもマクファーデンはあきらめなかった。彼は「身体文化」の読者から寄せられた病気や恋愛に関する体験談だけをまとめた「実話（トゥルーストーリー）」マガジンを出版した。これが覗き見趣味を刺激して大当たり。続けてマクファーデンは「恋愛実話」「怪奇実話」「犯罪実話」マガジンを次々に創刊し、巨大な雑誌帝国を築き上げた。女性週刊誌や実話雑誌は、ここから生まれたのだ。

マクファーデンは新聞王ピューリッツァーに匹敵する億万長者となり、ホテルやレストラン、大学までも経営した。そのすべてが〝健康〟をコンセプトにしていた。今では当たり前になったスパやジムを完備したホテルや健康食レストランの先駆である。ボディビル用品の通信販売も大成功した。それだけじゃない。ひ弱で不良にイジメられていた少年がボディビルでたくましくなって女のコにモテモテ、というマンガによる雑誌広告も、マクファーデンが始めたのだ。さらに「健康な者だけが天国に行ける」を教義に新興宗教「コスモタリアニズム」まで立ち上げた。

マクファーデンは奇人として有名だった。60歳すぎても人前で裸になって衰えぬ筋肉美を見せつけたが、服にはまったく興味がなく、億万長者のくせにいつもボロ服を着ていた。

それに若い娘とのセックスが大好きだった。エロ本の広告でおなじみ真空ペニス増大器も彼が発明した！　生涯に4回結婚し、最後は80歳で36歳下の女性と結婚したが、80

歳過ぎても浮気癖は直らず離婚した。マクファーデンは離婚のたびに妻に財産をとられ、さらに新興宗教や大学の経営にも失敗したので、87歳で死ぬころにはすべてを失っていた。

ただ、最後の妻に「100万ドル以上をあちこちに埋めた」と言い残していた。死後7年目の1960年、彼が所有していたロングアイランドの土地から金属のケースに収められた現金9万ドルが発見され、今も人々はマクファーデンの宝を探し続けている。

健康文化の祖マクファーデンだが、生卵に関してだけは間違っていた。生の卵白に含まれるアビジンはビオチン（ビタミンH）を吸収し、脱毛や皮膚炎を引き起こすことがある。また、サルモネラ菌感染の恐れがあるのでアメリカ政府は卵の生食をしないように、といっている。

ロッキーも面倒くさがらずに卵はゆでたほうがいいよ！

クリス・ベノワの悲しきラブストーリー

ロイドレイジが一家心中の原因か？――◆'07年7月

2007年6月25日、ジョージア州アトランタ郊外の自宅で、WWEヘビー級チャンピオンだったプロレスラー、クリス・ベノワが首を吊って死んでいるのが見つかった。彼は家庭の事情で試合を休むとWWEに知らせていた。家の中では、妻ナンシーと7歳の長男もそれぞれの寝室で死んでいた。ベノワによって枕を顔に押しつけられての窒息死だった。警察は無理心中とみているが、なぜか遺書が見つかっていない。

ベノワは'90年代、新日本プロレスで覆面レスラー、ペガサス・キッド（後にワイルド・ペガサスに改名）として、獣神サンダー・ライガーや金本浩二、大谷晋二郎らと激しく戦い、ジュニアヘビー級の黄金時代を築いた。ベノワは伝説的ジュニアヘビー級選手ダイナマイト・キッドを崇拝し、キッドのようにノンストップで攻撃し続けて日本の観客を熱狂させた。

WWEに入ってからも日本仕込みのストロングスタイルでスターになった。アトランタ五輪金メダリストのカート・アングルに対して一歩も引かぬグラウンドテクニックと関節技、自爆も辞さぬ空中殺法、サブゥの首の骨を折って「壊し屋」「凶獣」と恐れられたエクストリームな試合ぶり、他のアメリカンレスラーと違って寡黙なぶん全身で感情を語る表現力で、「最も尊敬されている現役レスラー」とさえ呼ばれた。そのベノワがなぜ？　ＷＷＥは妻子を殺したベノワのフィギュアや子ども向け商品を市場から回収した。

動機はいろいろ憶測されている。まず有力なのは、ステロイドの副作用で怒りがコントロールできなくなるロイドレイジで衝動的に妻を殺したという説。実際、数年前に妻ナンシーは家庭内暴力でベノワを訴えている（後に取り下げた）。'05年にもＷＷＥではベノワの大親友エディ・ゲレロが、薬物の乱用が原因による動脈硬化で急死している。アメリカのプロレス界全体でも近年、相当な数のレスラーが次々と死んでおり、過酷すぎる試合と、痛み止めやステロイド漬けのプロレスというスポーツそのものの存続が問われている。

バッシングの標的になったＷＷＥはロイドレイジ説を否定して、ベノワの長男が脆弱Ｘ症候群という精神発達障害だったことを苦にしての心中ではないかと主張している（祖父母は孫は健康だったと証言している）。

いずれにせよ、ベノワの死は永遠に謎だろう。だが、彼と妻ナンシーとのなれそめはプロレスファンなら誰でも知っている、というか観ていた。

ナンシーは父娘ほど年の離れた悪役レスラー、ケビン・サリバンの妻だった。サリバンはＷＣＷでレスラーとしてよりもブッカー（対戦の組み合わせを考える人間）として力を振るっており、妻ナンシーに他のレスラーのマネジャーをやらせていた。彼女はメガネっ娘《こ》のオタクスタイルでリック・スタイナーのセコンドについたり、サンドマンのイッキ飲みパフォーマンスのために缶ビールを手渡したり、レスラーたちの「女」を演じ続けた。

そんなナンシーにサリバンが与えた芸名は「ウーマン」。つまりただの「女」。人格など認めないってこと？　サリバンのほうはブッキングの権力を使って、他の女性タレントたちを食いまくっていたようだが。

ところがナンシーが反乱を起こした。彼の留守中にベノワと浮気をしたのだ。ベノワはナンシーといちゃつくビデオを試合会場で上映した。呆然とするサリバンだったが、それもサリバン自身でシナリオを書いたアングル（芝居）だった。妻を寝取った二枚目ベノワと、彼を潰そうとする権力者サリバンとの抗争が続いた。

そしてついに、サリバンの引退試合でベノワが勝利しナンシーを奪い取った。その背後でいつしかアングルは現実になっていた。ナンシーは、自分をただの「女」ではなく「ナンシー」として認めるベノワを愛すようになり、とうとうサリバンと離婚してベノワのもとに走ってしまったのだ！

これには黒幕サリバンも驚いた。引退して専任のブッカーになった彼は、私怨まる出しでベノワをブッキングや判定で徹底的に冷遇し、ついにはWCWからイビリ出してしまった。しかし、WWEに移籍したベノワはスターになり、ベノワと一緒にエディ・ゲレロたちを失ったWCWは視聴率急落で倒産した。

芝居が現実になり、愛が権力に勝った、めでたしめでたしのラブストーリーだった。

それなのに……。

さまよえるサーファー大家族

現代のノアの方舟、パスコヴィッツ一家――――――◆'08年7月

『エンドレス・サマー』（邦題『終りなき夏』／'66年）とは最も有名なサーフィン映画のタイトルだが、本当に「終りなき夏」を生きようとした男がいる。

その名はドリアン・パスコヴィッツ、1921年生まれ。映画『サーフワイズ』（'07年）は、赤銅色に日焼けした筋骨たくましい老人ドリアンがロングボードでサーフィンをする場面から始まる。

ドリアンは8人の息子とひとりの娘を全員サーフィンのチャンピオンに育て上げた。ドリアンが経営するサーフィン学校は今や全米のセレブの御用達。サーフィンファッションのブランド「パスコヴィッツ」も人気だ。

この成功は、ドリアンが9人の子どもを学校に行かせず、小さなキャンピングカーに詰め込み、いい波を求めて全米を放浪し、ひたすらサーフィンだけをさせて育てた結果だ。

ドリアンはテキサスに生まれ、10歳のとき、ハワイからアメリカ本土に伝わったばか

りのサーフィンに出会った。「大自然と一体になれる最高のスポーツだ」と感動した彼は発祥の地ハワイに渡って修業した。その後、ドリアンは名門スタンフォード大の医学部を卒業し、連邦公衆衛生局の研究員に招かれた。ハンサムでマッチョでスポーツ万能でインテリでリッチなエリート中のエリートだったドリアンだが、ある日すべてを捨てた。

ナチスドイツ兵がユダヤ人の母親を赤ん坊もろとも射殺する写真を見たからだ。

「私は万能で完璧で無敵だったが、その母子を救うことだけはできなかった」

ユダヤ系のドリアンは、もしヨーロッパに生まれていたらナチスのホロコーストの犠牲者になっていたかもしれなかった。彼は職をなげうって、イスラエル軍に身を投じようとしたが国籍の問題で無理だった。その代わりサーフィンをイスラエルに伝道して、アメリカに帰った。

その間、ドリアンは女性と片っ端からセックスし、彼女たちのセックスを100点満点で採点した。完璧な妻を探すためだ。ついに最高点90点を記録したメキシコ系アメリカ人のジュリエットと結婚し、キャンピングカーでアメリカ放浪を始めた。妻は次々に妊娠し、移動しながら子どもを産んでいった。

「ホロコーストで失われたユダヤ人を私が増やして、地に満たすんだ」

そう言ってドリアンは子どもたちにアダム、モーゼ、デビッドなどイスラエルの始祖たちにちなんだ名前をつけた。

ドリアンはアメリカの海岸沿いを移動しながら、医者として貧しい人々を治療した。金はとらなかった。サーフィンコンテストの賞金だけが収入だった。子どもたちは野菜と穀物だけで育てられた。卵も肉も菓子も砂糖も食べさせなかった。貧しいからだけでなく、「野生動物と同じものを食べれば健康になるはずだ」というドリアンの思想だった。子どもたちは常に上半身裸で、朝から晩までサーフィンをし、夜は母親からギターを教えられた。永遠の夏休みが続いたのだ。

社会のあらゆる束縛から自由な王国を作ろうとしたドリアンだが、家族に対しては自由を許さぬ暴君だった。こっそり菓子を食べたりトレーニングをサボれば星一徹以上の鉄拳制裁が待っていた。ドリアンは憎むべきヒットラーと同じ独裁者になっていた。そもそも過剰な健康志向や肉体礼賛はナチのお家芸だ。

ドリアン夫婦は毎晩セックスをした。とびきり激しいやつを。一部屋しかないキャンピングカーの中で、子どもたちは耳を塞いで耐えた。「セックスはすばらしいものだ」と父は教えたが、社会から隔絶された子どもたちには異性と知りあう機会すらない。身体が大きくなった息子たちはついに父親に反乱を起こし、結局みんな家を出ていってしまった。

独立した後、息子のひとりは父と同じ医者を目指して勉強を始めたが「10年間の学業の遅れは取り戻せなかった」と唇を噛む。「父に人生の可能性を奪われた」と。『サーフワイズ』の最後で、家族を失ったことを悔やむドリアンのもとに恩讐《おんしゅう》を超えて子どもたちが10年ぶりに集まり、父を許す。ドリアンはサーフワイズ（サーフィンに精通した者）だったが、大人になることができず、子どもたちにエゴを押しつけた。その過ちを認めたとき、彼の〝エンドレス・サマー〟はようやく終わったのだ。

ウガンダの少年兵から世界王者へ

カシーム・ザ・ドリームの悪夢――◆'09年11月

1998年2月、首都ワシントンの南にあるアレキサンドリアという街。早朝、ボクシングジムを経営するデニス・トゥロッターが雪を踏みしめながらジムの鍵を開けに行くと、ひとりの黒人青年がドアの前で待っていた。

「そこで何してるんだ?」

彼の話す言葉はアフリカの言葉らしいが、トゥロッターにはまるでわからなかった。ただ、彼の名前がカシームで、ボクシングがしたい、ということだけは伝わった。カシームはパンチングボールを叩いてみせた。ボクシングの経験者だとすぐわかった。カシームは翌朝もいて、1日中練習をした。言葉は通じなかったが、陽気で人なつこい若者で、すぐにジムのメンバーと打ち解けた。そのうちのひとりの母親がアフリカからの移民でウガンダ語も知っていたので、カシームと話して事情を尋ねた。それは壮絶なものだった。

カシームは当時19歳。アフリカのウガンダに生まれた。ウガンダでは'79年に独裁者アミン大統領が失脚してからずっと内戦が続いていた。カシームが5歳の時、小学校の授業中に反政府ゲリラのNRA（国民抵抗軍）がやってきて、カシームたちを拉致《らち》した。

「お前たちはNRAの兵隊になるのだ。もう二度と親には会えないと思え！」

カシームのような少年兵は30万人と言われている。子どもたちは自分の身長と同じくらいのAK47ライフルを渡され、兵士になる通過儀礼として捕虜を殺すよう命じられた。拒否すれば殺された。カシームは、弾薬をなくした友人を処刑させられた。

'86年、NRAが首都を制圧し、政権を奪取した。カシームはやっと両親に会うことができたが、兵士を辞めることはできなかった。反政府組織LRA（神の抵抗軍）との戦争が始まったからだ。

戦場に行かないですむ方法があった。軍のスポーツ選手になることだ。カシームはボクシングを選び、たちまちウガンダ代表に選抜された。アメリカに遠征したとき、彼は脱走した。ワシントンには生まれて初めて見る雪が降っていた。カシームの持ち金はすぐに尽き、ホームレスになった。行くべき場所はひとつしかない。ボクシングジムだ。

カシームの物語を知ってトレーナーたちは仰天した。彼らの助けでカシームは政治難民としての滞在許可を取り、プロボクサーの道を歩みだした。

カシームはスーパーウェルター級でデビューした。リングネームは『ザ・ドリーム』。アメリカンドリームであることは言うまでもない。カシームはガムシャラだった。20

01年のバーノ・フィリップス戦では、10ラウンドに1331発ものパンチを放った。カシームは世界チャンピオンになる必要があった。彼が脱走した後、ウガンダ軍は彼の両親を尋問し、抵抗した父親を撲殺した。カシームがウガンダに戻ってきたら処罰すると発表した。カシームは18歳のときにもうけた息子をウガンダに残していた。その息子と母をアメリカに呼び寄せたかった。ウガンダ人として世界王者になれば、政府も赦免《しゃめん》してくれるだろう。

'04年10月、ついにカシームはIBF（国際ボクシング連盟）のチャンピオンに輝いた。ウガンダ政府はカシームを特赦《とくしゃ》し、息子と母の出国を許した。'07年、カシームは9年ぶりに故国の地を踏んだ。空港では国家の英雄の凱旋を大群衆が熱狂的に迎えた。カシームは故郷の貧しい村に帰り、自分のせいで殺された父の墓にすがって号泣した。

2005年、カシームはベルトを失った。「不摂生のせいだ」とトレーナーのトム・モーランは肩をすくめる。「カシームはいつも何人もの友達と夜遅くまで酒やマリファナをやって騒いでいるからな」

カシームがマリファナを覚えたのは戦争中だ。「嫌な気分から逃れるためにね。今でも死体の山の上に座ってハッパを吸う夢を見る」。ひとりで静かに眠れないのは、幼いころの地獄を思い出してしまうからだ。『ザ・ドリーム』は今も悪夢を振り切れていない。

映画監督のクリス・ベルはドキュメンタリー『ビッガー、ストロンガー、ファスター』でアメリカの人体増強の歴史を探った。

『コーチ・カーター』でケン・カーターは、高校バスケットボール部の学力向上のために様々なルールを作る。

メジャー・リーガーたちの薬物使用を暴露したホセ・カンセコの元妻ジェシカは、夫のために何度も整形を繰り返した。

『サーフワイズ』の主人公、ドリアン・パスコヴィッツは９人の子どもたちを学校に行かせず、ひたすらサーフィンだけさせて育てた。

第2章

悪魔に挑む男たち

Daredevils

マラソンのゴールを越えて走り続ける男

ウルトラマラソンの信じられない世界――◆'05年5月

マラソンのスタート地点の42・195キロ以上手前から走り始め、ゴールを越えても止まらずにさらに42・195キロ先まで走り続ける男たちがいる。

「マラソンなんてガキのお遊びだ」

と言わんばかりにダブルマラソン（85キロ）以上の距離を走る彼らを〝ウルトラマラソン・マン〟と呼ぶ。

その名も『ウルトラマラソン マン』という本を書いたディーン・カーナゼスは高校時代は陸上選手だったが、大学に入ってから15年以上走ったことがなかった。サンフランシスコの健康食品会社のマーケティング担当として成功し、30歳の誕生日までに妻とマイホームと高級車レクサスを手に入れた。ヤッピーが集まるクラブで男だけで誕生パーティを祝う。高級なスーツを着て、高級な酒を飲むディーンに美しいブロンドの女性が近づいてきた。彼女はディーンの薬指の指輪を見て微笑んだ。

「結婚してるのね」

その目は「それでもOKよ」と語っていた。今のディーンには女でも車でも何でも手に入る。そのとき、彼の頭に浮かんだのは10代で交通事故で死んだ妹の面影だった。

「俺の人生、これでいいのか？」

ディーンは誘いかける美女に「ちょっとトイレ」と言い捨てて、そのまま店を出て自宅まで歩き続けた。深夜で妻は熟睡していた。こっそり着替えると、目的地もなく走り始めた。着替えたといっても運動などしていないから下着のトランクスと庭作業用の薄いゴム底靴だけだった。ちょっと走っただけで筋肉と心臓は痛み、靴は壊れた。それでもディーンは走り続けた。30年間の人生を回想しながら。気がつくと朝になっていた。自宅から48キロ離れていた。

翌日からディーンは本格的に走り始めた。朝起きると10キロほど走ってから出勤し、昼休みに昼食をとりながら会社の周りを1時間走る。夕食が終わるとまた10キロほど走る。土日はまずフルマラソンを2日続けてこなし、次にダブルマラソン（85キロ）へと距離を増やした。

最初の公式大会出場は「ウエスタン・ステーツ100マイル耐久レース」。コースはタホ湖を出発してシエラネバダ山脈を走って越える160キロ。高低差は合計1万1580メートル。エンパイアステートビルを15回上って下りるのに等しい。ボストンマラソンの悪名高い「心臓破りの坂」なら56回分に相当する。これを24時間以内に走破しなければならない。

チェックポイントでは毎回体重を測る。体重が5%以上減っていたらドクターストップで失格になる。体脂肪率4・8%に鍛え上げたディーンは走るため、チェックポイントごとに炭水化物を摂りまくる。その量は一日に1万4千キロカロリー（通常なら一日1800キロカロリー）。それでも次のポイントまでに燃焼され尽くし、血糖値が下がりすぎて急性の夜盲症になり、夜間はブラックアウトを起こす。沿道の観衆も伴走者もいないので、コースのマークが見えないディーンは山道に迷い込んでタイムロスしてしまう。足に次から次にできるマメは接着剤で固める。足の爪は付け根から次々と剝がれてしまった。ペースを乱さないため、レース中は小便を走りながら垂れ流す。他の選手は血尿で服を真っ赤に染めている。

この100マイルを21時間で完走したディーンはさらに過酷なレースを求めた。「人類史上最も過酷」といわれる「バッドウォーター・ウルトラマラソン」だ。アメリカで最も低い土地デスバレー（海抜マイナス86メートル）からアメリカ最高峰のマウント・ホイットニー（標高4418メートル）までの217キロをいっきに駆け上がる。デスバレー（死の谷）の気温は摂氏50度、路面温度は100度以上で、靴底が次々と溶けてなくなる暑さのため1回目は意識不明で脱落したディーンだが、サウナの中で腹筋と腕立てをする特訓で暑さに備え、2度目の挑戦で見事優勝した。

今度は世界一寒い場所だ！　とディーンは南極点をゴールとするフルマラソンにも挑戦した。

カリフォルニア海岸沿いで行なわれた320キロの12人リレーには、たったひとりで出場した（しかもレースの翌朝8時からの会社の会議にちゃんと出席した）。そして2004年にはついにマラソン10回分の421・95キロを75時間ノンストップで走りきる記録を打ち立てた。これはほとんど東京～京都間の距離だ。

2晩以上止まらずに走るため、ディーンは下り坂で走りながら眠るという。立ったまま眠ったり泳ぎながら眠る動物はいるけど、危なくないのかね。また、食料補給のため、携帯電話でピザを注文し、コース上に配達させ、ブリトー状に丸めた12インチピザをほおばりながら走る。ピザの配達人はみんな必ずこう尋ねる。

「いったいなんでそんなに走るんですか？」

ディーンは本の最後に山ほど理由を並べてみせる。「これが一番の取り柄だから」「日常から逸脱したいから」「妹のため」「チャリティのため」「人生で何かをやり遂げたいから」「歩くよりも早いから」……。でも、これだ！　という理由は見つからない。もちろん、それを探すために走り続けているのだ。

追記◆ディーン・カーナゼスはその後もさらに過酷な挑戦を続けている。2006年には全米50州で50日間連続で毎日フルマラソンを走り、2011年にはアメリカの東の端のニューヨークから西の端のカリフォルニアはディズニーランドまでの４８００キロを75日間で走った。２０１２年には50歳のカーナゼスにしてみればフォレスト・ガンプなんて、ちゃんちゃらおかしいだろう。

スケボーなんて、もういらない？
パルクールがついにアメリカ上陸――◆'07年6月

21世紀に入って、アメリカの公園や広場のベンチや階段の手すりには、ボルトで固定された小さな金具がズラリと並ぶようになった。

「スケボーよけ」だ。

1980年代、スケートボードは'70年代の流行としてほとんど忘れられていたが、パンクロックやスラッシュメタルの轟音、手作りのランページとともに、ストリートカルチャーとして復活した。しかし、すぐに企業に目をつけられて商業化された。ステューシーを着てバンズのスニーカーをはき、ピカピカのボードを持った「ポーザー」が世界にあふれた。

本当のスケボー少年たちは、安全なスケボーパークを飛び出した。そして街中のあらゆる場所でゲリラ的に滑る〝ストリートスケート〟が始まった。10段以上もある階段をジャンプして、着地時に失敗して骨折することも多かったが、ヘルメットやニーパッドをつけないのが誇りだった。大ケガもするが、そこが面白かった。ボードも有名ブランドの高級品は使わない。すぐに折れる消耗品だからだ。ストリートスケートは大企業に取り込まれず、アナーキーな文化であり続けた。

だが、無粋なやつが「スケボーよけ」を発明してしまった。公園や建物の縁石にボルトで固定してスケボーに使えなくする金属部品だ。「スケボー禁止」の立て札を無視した少年を、警察は容赦なく逮捕するようになった。最も過激なスケボー雑誌「スラッシャー」は「スケボー文化はもう死んだ」と悲しげに宣言した。

そのとき、誰かが気づいた。

「スケボーがダメなら、スケボーを使わなければいいんだ！」

スケボーを使わないスケボー？

つまりアメリカの少年たちは「パルクール」を知ったのだ。

パルクールは、日本ではすでに2001年のフランス映画『ヤマカシ』で紹介されている。歩兵の訓練で取り入れられた、障害物を乗り越えるトレーニングを語源とするパルクールは、都会のどんな場所でもチャレンジの標的にする。公園の手すりを跳び越える「ボールト」に始まり、壁を横に走ったり（ウォールラン）、壁を蹴りながらビルのてっぺんまで駆け上がり（チックタック）、屋上から隣のビルの屋上に猫のように跳び移ったり（キャットリープ）、塀の上にピタリと着地したり（プレシジョンジャンプ）……。

このスポーツを発明したのは、フランスのダビッド・ベルとセバスチャン・フォーカンというふたりの青年。パルクールの始祖として崇拝されるベルは映画『アルティメット』（'06年）に主演し、パルクールを銃撃戦やカーアクションに応用してみせた。フォーカンはイギリスに渡ってパルクールを発展させた「フリーランニング」を提唱した。

これはバックタック（トンボ返り）やゲイナー（空に向かって片脚を蹴り上げてそのまま宙返りする）などの見せる技を盛り込んだパフォーマンスで、フォーカンはトラファルガー広場のライオン像からジャンプするなど、ロンドンの名所旧跡でアクロバットを繰り広げて観光客の度肝を抜きまくるドキュメンタリー番組『ジャンプ・ロンドン』を作った。また、『007カジノ・ロワイヤル』（'06年）にも出演し、ビルの工事現場をピョンピョン跳び回ってジェームズ・ボンドを翻弄した。

サンフランシスコの地元紙もトレイサー（パルクール戦士のこと）を記事にした。その中でスラバ・ブレイザーという17歳の少年がカッコいいことを言っていた。

「パルクールに制約はないよ。障害があるだけだ。乗り越えるべき障害物がね」

アメリカでは'07年8月に初めて全米大会が開かれる。爆発的ブームになる予感がする。なにしろ、用具もウエアも場所すらも必要ない。どこでも遊び場になる。ファッションやビジネスに堕落することはないし、禁止することもできない。不法侵入でない限り、壁を駆け上ろうと、飛び降りようと個人の自由だ。ケガ人が続出して問題化するかもしれないが。

YouTubeには世界中のトレイサーが寄せたスタントの数々とあらゆる技のビデオ指導があふれている。たとえば着地時のショックを和らげるにはどうするか。ひざの曲げ方から注意点まで細かく解説してくれる。

筆者も小学生のころ、階段を何段飛び降りられるか競い合ったものだ。ショッピングセンターの駐車場で、階段を5段飛び降りてみた。こんなこと何十年ぶりだろう。運よく足首もひねらずに着地できたが、買い物のおばさんが「あら、いい中年なのに、おつむでも弱いのかしら」って顔で見ていた。

でも、明日は6段に増やしてみようかな。

イーブル・クニーブルはイーブルだった

伝説的スタントライダーの暴走人生——◆'08年1月

カントリーからロック、パンク、メタル、テクノ、そしてヒップホップでも歌われ、エイフェックス・ツインや故カート・コバーン、最近はカニエ・ウェストからもリスペクトされた伝説の男イーブル・クニーブルが2007年11月30日、69歳で死んだ。彼の仕事はデアデビル（悪魔に挑む男、転じてスタントマンのこと）。オートバイで命がけのジャンプをして稼いでいたのだ。

イーブル・クニーブルがスターになったのは1967年12月。ラスベガスのカジノホテル「シーザーズパレス」にある長さ46メートルの噴水池をバイクで飛び越えたのである。しかし彼は着地したショックでバイクから放り出され、骨盤と大腿骨、腰、手首、足首を骨折し、数日間こん睡状態に陥った。医師は「二度とバイクに乗るな。さもないと死ぬか一生、車椅子だ」と警告したが、クニーブルは半年後、15台並べられたムスタングをジャンプした。だが、また着地時にクラッシュし右足を骨折。さらに3カ月後にもまたジャンプして着地時に腰の骨を折った。生涯の骨折部分は40カ所以上。それでも誰も、彼を止められなかった。

クニーブルは次に「バイクでグランドキャニオンを飛び越える」と宣言した。しかし国立公園なので政府が許可せず、代わりにアイダホにあるスネークリバー渓谷を使うことになった。渓谷は幅が488メートルもあるので普通のバイクでは不可能。そこでロケットエンジンを搭載した二輪車「スカイサイクル」を開発し、時速560キロに加速して断崖絶壁を飛び越えた。しかし向こう岸へ到着するより数秒早くパラシュートが開いてしまい、クニーブルは風圧で後方に引き戻され、岸に届かず数百メートル下の崖底に落下。奇跡的に無傷で生還した彼は、このスタントをテレビ中継させて6億円をも稼ぎ出した。

イーブル＝Evelという名前は、もともとEvil（悪、ワル）に由来する。16歳でバイク泥棒で逮捕されたときに警官から「Evilのクニーブル」とからかわれ、その語呂合わせが気に入って自らスペルを変えて名乗るようになった。

クニーブル青年は安全な生き方には興味がなく、強盗や金庫破り、ヤクザまがいな借金の取り立てなど、ヤバいことなら何でもやった。アイスホッケーチームを自分で立ち上げ、チェコの国立チームを招聘《しょうへい》してギャラを払わず訴えられたり、狩猟ガイドとしてハンターをイエローストーン国立公園に連れていって保護動物のエルクを撃たせたりした。

28歳になったクニーブルは妻子を抱えて生活に困った末、命がけの見世物を思いついた。バイクでアメリカライオン（ピューマ）の入った檻とガラガラヘビの入った籠を飛び越えたのだ。ここから通算300回を超える彼のジャンプ稼業が始まった。

スネークリバー渓谷のジャンプは世界中にテレビ放送され、クニーブルのマネをして自転車で階段や崖から落ちて大ケガをする子どもが続出した。クニーブルのオモチャも爆発的な人気で、日本でも仮面ライダーや超合金を出していた玩具メーカー「ポピー」から発売された。星条旗をあしらったジャンプスーツとマントで空を飛ぶ彼は、まさにアメリカンヒーローだった。ハリウッドはクニーブルの半生を描いた映画をなんと2本も作った。しかし、彼の心は依然として〝イーブル〟だった。

'77年、クニーブルからクビにされた元広報マン、S・ソルトマンが彼の酒乱ぶりや妻子への暴力を暴露した本を書いた。これを読んで激怒したクニーブルはジャンプで骨折して入院中だったにもかかわらず病院を抜け出し、ソルトマンのオフィスに怒鳴り込み、ギプスがついたままの両腕で握った金属バットを彼の脳天に振り下ろした。ソルトマンはとっさに頭をかばったので死なずにすんだ。だが両腕はへし折られた。クニーブルは逮捕されて禁固6カ月の判決を受け、賠償金13億円を支払うように命じられた。

だが、その賠償金は支払われなかった。クニーブルには一銭もなかったからだ。莫大な金は全部、酒と博打と女で使い果たしていた。税金の未納分も4億円以上あった。

この傷害事件で評判を落としたクニーブルにはもうスポンサーはつかず、仕事もなくなった。妻子も逃げていった。その後クニーブルの名前がマスコミに登場するのは、銃の不法所持や無免許運転、売春婦に変装したおとり捜査中の婦人警官を買おうとして逮捕されたときだけだった。

葬儀はテレビで放送された。クニーブルの棺が故郷モンタナの大地に埋められる様子にはちょっとガッカリ。やっぱりロケット棺桶で天国に飛ばしてほしかったね。

地上360メートルのゆるゆる綱渡り
クライマーを熱狂させるハイライニング――◆'08年5月

ディーン・ポッターは少年時代に空を飛ぶ夢を見てから、空を目指して高い場所へと登り始めた。

友達宅のレンガの煙突をよじ登ったのを手はじめに、より高く、より厳しい岩壁を求めてアメリカを旅し、20代でロッククライミングの最難関地、ヨセミテにたどり着いた。彼はテントに寝泊まりし、山小屋の窓を拭くバイトで暮らしながら練習を続け、ついにヨセミテの象徴である岩壁ハーフドームに挑戦。それまでの記録20時間56分よりケタ違いに速い4時間17分で登り、センセーションを巻き起こした。

その後、ポッターは次々と記録を破った。2001年にハーフドームの反対側にそびえるエルキャピタンのノーズルートを3時間24分、'06年はオーバーハング（上部がひさし状に張り出している岩壁）ばかりで最短でも7日間はかかる超難所レティセントルートを、たった35時間で登破した。

ポッターはビレイヤー（命綱を預かるパートナー）なしの単独で登るフリークライマ

ー（手と足だけで登る）だ。ビデオを見ると、まるで猿みたいにヒョイヒョイとものすごいスピードで垂直の壁面を登っていくので度肝を抜かれる。

でも、もっと驚異なのは、「ハイライニング」のシーンだ。地上数百メートルの高さに張られたロープの上を何の支えもなしに歩いて渡るエクストリームな綱渡りだ。

ハイライニングの話をするには、その母体「スラックライニング」の説明が必要だ。スラックライニングとは１９８３年、ヨセミテに集まるクライマーが暇つぶしに始めた遊びで、登山用のナイロンロープを立ち木の間に地上１メートルほどの高さに張ってその上を歩く。ナイロンロープは人が乗ると重さでビヨーンと伸びてスラックライン（ゆるいひも）になるから、タイトに張ったロープの上を歩くサーカスの綱渡り（タイトロープ）より難しい。しかもスラックライニングではサーカスのようなバランスをとるための長い横棒を使わない。その代わり慣れてくれれば、ロープの弾力を利用して宙返りもできる。スラックライニングはロープと立ち木があれば誰でも遊べる安全なスポーツなので、クライマーを超えて一般にも広まった。

しかしスコット・バルコムという当時20歳のクライマーは、それでは満足できなかった。彼はヨセミテにそそり立つロストアローという高さ３６０メートルの岩の塔の頂上から、20メートル離れた岩壁にロープを渡して、その上を歩こうと考えた。１年以上に及ぶ練習と数えきれない失敗（命綱を使った）の末、’85年、ついに彼は渡りきった。スラックライニングのエクストリーム版——ハイライニング誕生の瞬間である。そこに立ち会ったのはバルコムの友人、チョンゴーだった。

その後、バルコムは大工になり、家庭ももってカタギになったが、ハイライニングに魅せられたチョンゴーはそのままヨセミテに住み着き、修業の果てに自分もロストアローのロープを渡る極意を体得した。それから10年後、すっかり白くなった髪とヒゲを伸ばした老ヒッピー、チョンゴーは若きクライマー、ポッターに出会った。ポッターは、宙を歩くハイライニングこそ、空を飛ぶ夢をかなえる技だと思った。

ポッターはチョンゴーに弟子入りした。『スター・ウォーズ／帝国の逆襲』（'80年）のヨーダとルークの修業を思わせる特訓が続いた。

'98年、ポッターはロストアローのハイライニングに挑んだ。史上初めて命綱なしで。上半身裸のポッターは裸足の指先でロープをつかんで淡々と進み、なんと約30秒で渡りきったのである。このときのビデオがきっかけでハイライニングは世間に認知され、ロストアローには世界中からチャレンジャーが集まるようになった。

'08年3月、36歳になったポッターはユタ州ヘルロアリング（地獄の叫び）渓谷にマスコミを呼び、ロストアローの倍以上の長さ55メートルのハイラインに挑戦した。今度も命綱はない。バランスを失うと腕や脚をロープに引っ掛けてぶら下がり、何度もやり直す。日没が近づいたころ、ポッターはついにロープの中間地点に到達した。が、それが限界だった。落ちた。270メートル下の地面に向かって落ちる、落ちる。背中のパラシュートが開いた。それが今回の命綱の代わりだった。

「また挑戦するさ」。チャレンジ後、ポッターは取材陣のカメラに向かって微笑んだ。

「僕は心のどこかで空を飛べると信じているから」

追記◆ディーン・ポッターは最近、ダイビングに翼のついたウイングスーツを使うようになり、「鳥のように空を飛ぶ」という夢を実現してしまった。

極悪モトクロス軍団、神に目覚める
メタル・ミュリーシャ将軍の改宗――◆'08年8月

悪魔や死神を描いたタトゥーが首までびっしりと全身を覆い、髪はモヒカンやスキンヘッド、耳や唇には無数のピアス、そしてトゲのついたリストバンド……。そんな連中がバイクに乗る姿は『マッドマックス』('79年)の悪役にしか見えないのだが、実はれっきとしたプロのモトクロス選手なのである。

彼らは「メタル・ミュリーシャ」というチームで、エクストリームスポーツのFMX(フリースタイル・モトクロス)のスターだ。メタル・ミュリーシャの選手たちは、バックフリップ(後方宙返り)しながら両手をハンドルから離してリアフェンダーをつかんでぶら下がったり、足首だけをハンドルに引っ掛けるなど、命知らずのトリックで他の追随を許さない。

「メタル・ミュリーシャ」とは「ミリーシャ(民兵)」と「ミューリシュ(頑固)」に引っ掛けた造語で、トレードマークはナチスドイツのヘルメットをかぶったドクロ。ツアーではドイツのインダストリアル・メタル「ラムシュタイン」の曲が鳴り響き、ストリッパーがマシンガンを乱射し、爆発の炎が噴き上がる中でバイクを爆走させる。バイオレントでパンクで危険なイメージは、モトクロスにつきまとう泥臭さを吹き飛ばしてしまった。

ミュリーシャの将軍（リーダーをそう呼ぶ）、ブライアン・ディーガンはネブラスカの田舎に生まれ、12歳のときに家出したが、モトクロスと出会って才能を発揮し、10代で出場したレースでチェッカーを受けた。しかしフィニッシュラインで茶目っ気を出してゴーストライド（バイクから飛び降りてバイクだけ走らせるトリック）をして失格になった。それをきっかけにディーガンは堅苦しいレースからフリースタイルに移行し、そこで自分と似た不良ライダーたちと出会い、これがメタル・ミュリーシャになっていく。

１９９９年、エクストリームスポーツの祭典「Ｘゲーム」がＦＭＸを競技に取り入れ、ディーガンたちを招いた。主催者側は、15歳の天才少年トラビス・パストラナをアイドルとして売り出すため、ディーガンに引き立て役を演じるよう頼んだ。要するにプロレスのベビーフェイス（善玉）とヒール（悪役）の戦いのように演出したいというのだ。

「当然、俺たちが善玉のわけがなかったさ」と、ディーガンは回想する。

「でも、俺はそのキャラを演じてみようと思った」

ディーガンたちはインタビューでトラビスを罵り、アナウンサーに悪態をつき、カメラに向かって中指を突き立て、とことん凶悪に振る舞った。客は彼らにブーイングし、そして熱狂した。それを察したディーガンは、すぐにフェルトペンでヘルメットをかぶったドクロを描き、それをプリントしたメタル・ミュリーシャのTシャツを作って会場で売った。するとあっという間に売り切れた。善玉のトラビスの商品よりはるかに売れた。バイクレーサーのクリーンなイメージに、少年たちはもう退屈していたのだ。この年だけでメタル・ミュリーシャ商品の売り上げは1億円を超えた。

全米でミュリーシャブームが沸き起こると、荒くれライダーたちが次々と軍団に集まった。ディーガンは〝できちゃった婚〟で一児の父になったが、生き方はワイルドさを増す一方だった。毎晩、裸の美女をはべらせて酒を浴びるように飲み、ヘルメットもつけないでスタントに挑戦し、地面に激突して両手首をへし折っても懲りなかった。インタビューでは、殺人カルト教祖チャールズ・マンソンやヒトラーを礼賛する発言をして、世間を怒らせた。

2005年、テレビに出演したディーガンは、バックフリップの最中に横風に流されて着地に失敗。ハンドルで腹部を強く打った。テレビでは、地面をのたうち回るディーガンの腹部が見る見るうちに膨れ上がっていく様が放送された。腎臓が破裂したのだ。朦朧《もうろう》救急隊員から「死ぬ可能性が高いので最後の言葉を遺《のこ》してください」と言われた。朦朧とする意識の中で、ディーガンはそばにいた妻からふたり目の子どもを妊娠したことを聞かされた。

何かが彼の中で変わった――。

奇跡的に回復したディーガンは酒を断った。まったく興味のなかった教会に通い、聖書を勉強するようになった。かつての問題発言も反省している。「子どもに尊敬される親になりたくなったんだ」。彼は荒くれミュリーシャたちにも聖書を読んで聞かせているという。モヒカン刈りのライダーたちがおとなしく神様のお話を聴いている姿を想像すると笑っちゃうけどね。

追記◆メタル・ミュリーシャは、女性用ハンドバッグやドレスまである、モトクロスと何の関係もないファッション・ブランドになってしまった。

ヨットで世界一周に挑んだ16歳
敵は海賊、はぐれ波、そしてライバル！――◆'09年8月

「ねえパパ、僕、ひとりで世界一周できるかな？」。15歳のザック・サンダーランドは父に尋ねた。「どうしてそんなことを聞くんだい？」「60歳を迎えてマラソンで世界一周する間寛平さんに感動したんだ」。あ、違った。「ロビン・リー・グラハムみたいになりたいんだ」

ザックが憧れるロビン・リー・グラハムは1965年、16歳の時にたったひとりでヨットに乗ってカリフォルニアから西回りで地球一周に挑戦した。だから15歳のザックは、世界一周するなら今しかないと思ったのだ。

「わかった」。父親は答えた。彼はヨット製造業者で、息子に幼いころからヨットを教えていた。しかしサンダーランド家は裕福ではなかった。ザックはアルバイトして貯めた60万円で、エンジンわずか30馬力、凪《なぎ》の日には6ノット（時速約11キロ）でしか動けない1972年製の小さなヨットを買った。

2008年6月14日、16歳になったザックの乗るイントレピッド（怖いもの知らず）

号は、ロサンゼルスから西に向かって船出した。全航程4550万キロ。予定日数は1年。ハワイ、マーシャル諸島を経て太平洋を渡り、ニューギニア、オーストラリアを経てインド洋を渡り、南アフリカのケープタウンを回って大西洋に出て、パナマ運河を抜けてロサンゼルスに帰ってくる。

船出から毎日、ザックはブログを書き続けたので、世界中の人が彼の冒険をリアルタイムで読むことができた。ザックの行く手には数々の難関が待っていた。10月、インドネシア沖で海賊船に追い回され、ザックは父から渡された357マグナムに弾丸を装塡して襲撃に備えながら海賊を振り切った。11月にはインド洋沖での暴風でマストを支える一部が折れ、嵐の中、ザックは死に物狂いでマストを守った。嵐よりもタチが悪いのは天候と無関係に現われる「はぐれ波」。'09年4月、最後の難関の大西洋を渡っている最中に高さ6メートルものはぐれ波をかぶり、キャビンに流れ込んだ海水で電子機器がショート。GPSはなくても航行できるが、レーダーが壊れたので他の船舶の接近がわからず衝突するのが怖い。デッキに出て見張ればいいが、ひとりなので眠ることができない。さらに霧も出てきて、ほんの少し先も見えず、電源もやられて電話も使えない。

ザックからの連絡が突然途絶えたので、父親は慌てて次の寄港地グレナダに飛んだ。神に祈る父の前に、水平線の彼方からイントレピッド号が現われた。ザックは31日間、誰にも会わずに海と闘い、睡眠不足で疲れきって体重を10キロも減らしていた。

ザックの敵は海賊や天候だけじゃない。ザックを追うライバルがいた。同じく16歳のマイク・ペーラム。ザックに遅れること5カ月の11月にイギリスから東回りで世界一周に出発した。ヨットの名前はトータルマネー・ドットコム号。株の総合情報サイトのスポンサーによるヨットで、'96年製。大きさもスピードもザックの2倍以上だ。

ザックは6月上旬現在、すでにメキシコ西岸をロサンゼルスに向けて北上中、一方マイクはまだ太平洋のど真ん中なので、ザックが追いつかれる可能性はなくなった。だが、ザックは航海中に17歳になってしまい、数カ月年下のマイクは16歳のうちに世界一周できそうなので、史上最年少の栄誉はすぐにマイクに奪われてしまう（憧《あこが》れのロビンは20歳で世界一周を終えた）。でも、ザックは気にしない。

「マイクはスピード重視だけど、僕は冒険重視なのさ」

さて、僕らは16歳のころ、何をしていただろう？　少年だけじゃない。この夏、オーストラリアの16歳の少女ジェシカ・ワトソンがヨットで単独世界一周に出発する。また、44歳の冒険家ウェイブ・ビドマーも手漕ぎカヌーで大西洋横断に挑戦する。そして、もちろん間寛平さんがいる。みんな、どうして？　と彼らの挑戦が理解できない人には、吉本新喜劇のカンペーちゃんがこう答えるだろう。

「止まると死ぬんじゃ！」

追記◆ザックは'09年7月16日に、ロサンゼルスに帰港した。

『ウルトラマラソン マン』という本を書いたディーン・カーナゼスは 421.06 キロを 75 時間ノンストップで走りきった。

オートバイで命がけのジャンプを繰り返したイーブル・クニーブルは生涯で 40 カ所以上の骨折をした。

第3章
スポーツ犯科帳
Sports Crime File

ロッキーになれなかったボクサーが自殺

スタローンのボクシング番組で悲劇――◆'05年4月

フィラデルフィアに行った人は誰でも、フィラデルフィア美術館を目指すはずだ。マルセル・デュシャンの「大ガラス」を見るため？　いや、ロッキーが駆け上がってガッツポーズをした、あの階段を上るためだ。

２００４年、フィラデルフィア出身のボクサー、ナジャイ・タービン（23歳）も、あの階段を駆け上がった。ＮＢＣのテレビ新番組『コンテンダー（競争者）』のワンシーンである。

『コンテンダー』のプロデューサーは『サバイバー』を大ヒットさせたマーク・バーネット。『サバイバー』は、無人島に16人を連れていって生活させ、最後に残ったひとりが１００万ドルを獲得するという視聴者参加型ゲーム番組で、アメリカで「リアリティＴＶ」というジャンルを確立した。次にバーネットは、ニューヨークの不動産王ドナルド・トランプの弟子の座をめぐって16人が争う番組『アプレンティス（見習い）』も成功させた。そして第3弾として企画したのがこの『コンテンダー』なのだ。

ミドル級のボクサーが16人集められ、ロサンゼルスのジムで共同生活しながらトレーニングする。16人は出身地で西チームと東チームに分けられ、毎週、ゲームをやらされる。『東京フレンドパーク』のようなアホらしいゲームで、トヨタのトラックを人力で押して競走したりする（スポンサーだから）。このゲームで勝ったチームのひとりが、負けたチームから「一番弱そうな選手」を指名してボクシングの試合を行ない、負けたほうがジムを去る。そして最後に残ったふたりがラスベガスで戦い、優勝者は１００万ドルを獲得する。

番組の顧問には『ロッキー』のシルベスター・スタローンと元世界チャンピオンのシュガー・レイ・レナードがつき、スピルバーグのドリームワークスが製作する。１エピソードの製作コストが２億円といわれる大作テレビ番組『コンテンダー』だが、'05年３月の放送直前に悲劇が起こった。

２月14日バレンタインデーの朝４時、氷点下の寒さのフィラデルフィア。『コンテンダー』の出場者ナジャイ・ターピンは自分の通うジムの前にシボレーを停めて、22口径の自動拳銃で頭を撃ち抜いた。

ナジャイは、荒れ果てた廃墟と失業者にあふれたフィラデルフィアの貧困層向け住宅に生まれた。レストランの皿洗いをはじめ、早朝から深夜まで仕事をかけ持ちしながらジムに通い、ボクサーを目指した。13勝１敗９ＫＯの好成績で上り調子だったナジャイは、『コンテンダー』の16人に選出された。

収録は'04年の夏から秋に行なわれた。全国ネットのテレビ番組に出演して帰ってきたナジャイを家族や地元の住民は英雄として歓待したが、彼は何も話さなかった。出場者は半年先の放送まで誰にも番組の内容を話さないという誓約書にサインしていたからだ。その間、ナジャイはジムに通わず、毎晩酒に溺れた。体重は20パウンド（約9キロ）も増えてしまった。番組は出場者全員にベストのコンディションをキープしろと命じ、そのために毎週1500ドル送っていたのだが。いったいナジャイは『コンテンダー』で何を経験したのか。

それは'05年3月20日放送の『コンテンダー』第4話で初めて明らかになった。ゲームに勝ったナジャイは対戦相手にセルジオ・モラを指名した。モラはイーストLA育ちの目立ちたがり屋で、寡黙なナジャイとは対照的だった。そして試合もふたりの性格の違いそのままに、徹底的に攻めまくるモラに対してナジャイは防戦一方で、大差の判定負けに終わった。ナジャイはこの敗戦の屈辱を誰にも相談できずに半年も抱え込んだ挙句、放送直前に死を選んだのだ。

実は「リアリティTV」の犠牲者は彼が初めてではない。『サバイバー』の原型となったスウェーデンの番組で惨めな負け方をテレビで晒《さら》された出演者が、恥ずかしさに耐えかねて自殺している。

ナジャイの葬儀にはスタローンやシュガー・レイ・レナードも出席して棺を運んだ。ロッキーと同じくフィラデルフィアの貧しい街角から栄光を目指したナジャイについて、スタローンは「『コンテンダー』という番組の精神を体現した男だった」と語った。『コンテンダー』では毎週、残されたナジャイの娘のための募金を呼びかけている。

名探偵は強迫神経症のサッカー選手しかも年収80万円のホームレス――◆'05年11月

アダム・ブラックナーは精神障害をもつホームレスで、サッカー選手で、名探偵だ。

アダムは3年間、ホームレス状態でアメリカ中のサッカーチームのテストを受けて回ったが、どこにも入団できなかった。そしてボルチモアを訪れたとき、サッカー以外のものにとりつかれた。

「道に立っている街灯のポールに触れなさい」

それは神のお告げだったという。それ以来、アダムは目に入ったすべての街灯のポールを触るようになった。〝強迫神経症〟の症状だった。

2001年、彼はやっとインドアサッカーチーム「フィラデルフィア・キックス」に採用された。年俸はわずか8千ドル。それを彼は全部、ホームレスに配るサンドイッチ代にした。何年も自分自身がホームレスとして暮らすうちに、彼らを救いたいと願うようになったからだ。

あるとき、警察がホームレスの一斉取り調べを始めた。フィラデルフィア美術館の裏の川原で、黒いビニールのゴミ袋の中からバラバラに切り刻まれた肌の浅黒い女性の死体が出てきたからだ。その川原はホームレスが野宿している場所なので、警察はホームレスを疑ったのだ。

アダムには被害者に心当たりがあった。4カ月ほど前からアンジーという60歳ほどの女性の顔を見なくなっていたのだ。以前、彼女はサンドイッチを配っていたアダムを「なんだい、この白んぼ小僧は！」と怒鳴りつけたことがあり、そのとき「そんなひどいことを言うもんじゃない」と、連れの男性老人がなだめてくれたことがあった。その老人はレッド・コルトと名乗り、「アンジーを狙っているやつらから彼女を守るんだ」と言って彼女といつも一緒にいた。

アダムはホームレスたちに聞き込みを始めた。すると彼女はホームレスではなく、アパートに住んでいることがわかった。アパートの隣の住民によると「3月28日に怒鳴り声が聞こえてからアンジーを見かけていない」らしく、そこの大家には「アンジーは病気でしばらくニューヨークから戻れません」という男性からのメッセージがあったという。

アダムは警察に電話し、刑事がその部屋を捜索した。すると部屋の中には新聞紙や店のレシートが天井近くまで積み上がっていた。アンジーも精神障害を患《わずら》っていたようだった。殺人事件と結びつくような証拠はなかったが、刑事が念のためアンジーの歯科医の記録を調べると、発見された死体と歯型が一致した。そしてなんと、アンジーが死んだ母親から、30万ドルの遺産を相続していた事実がわかった。

アダムは、再びアンジーの部屋に入り、膨大な紙くずの山を漁《あさ》り始めた。そして3月31日付のレシートを見つけた。アンジーが行方不明になった後の日付だ！　それはドラッグストアのレシートで、ゴミ袋とペンキ塗り用のマスキング液と、臭い消しスプレーを買った記録だった。犯人は彼女の死体をここで解体し、その跡始末をしたのだ。

もしかすると、死体の発見された場所からも何か見つかるかもしれない。アダムはそこで奇妙なゴミ袋を見つけた。その中には、新聞が日付順に丁寧に折りたたまれて入っていた。ゴミにしてはおかしい。そして一緒に奇妙なパンフレットも入っていた。表紙には、誰かがその上でメモを書いたようなボールペンの跡の凹みが残っていた。その凹みの筆跡を調べてみると、「レッド・コルトです」と読めた。

アンジーを守ると言っていた、あの老人である。

アダムはまたアンジーの部屋に戻り、膨大な紙くずを調べ続け、1枚のメモを見つけた。

「アンジーは病気でしばらくニューヨークから戻れません」

その文面はアパートの大家が受けた電話と同じだった。そして筆跡は「レッド・コルトです」という凹みの筆跡と同じだった。

後日、レッド・コルトが逮捕された。彼はアダムと同じ強迫神経症で、電話をする前に、自分が話すことをメモらずにはいられなかったのだ。

殺人事件を見事に解決した名探偵アダム・ブラックナーは今もフィラデルフィア・キックスでコーチの助手として働き、先ごろ、インドアサッカー協会から表彰された。だが、アンジーの遺産は、今も発見されていない。

NASCARの夢を食った黒後家グモ
ストリッパーが仕掛けた大胆詐欺――◆'06年2月

2003年2月、フロリダ州デイトナ。NASCARブッシュシリーズ（現ネイションワールドシリーズ）の初戦「クーラーズ300」。〝魔法の靴〟の異名を持つベテランレーサー、マイク・マクローリンの運転するフォードは、スタートで出遅れたものの、2周目にはトップグループに迫った。しかし、先行するトッド・ボーディンの操縦するシボレーが、ジミー・バッサーの乗るダッジに接触。ダッジはスピンを始めた。マクローリンは瞬時の判断でダッジを避けようとした。その瞬間、マクローリンの後からジェイソン・ケラーのフォードが突っ込み、爆発、炎上した。

マクローリンは奇跡的に無傷で車の残骸から助け出されたが、それが46歳の彼にとって最後のレースになった。なぜなら、彼のチーム「アンジェラズ・モータースポーツ」は、すでに崩壊していたからだ。

このレースの、少し前の話――。

「引退する前にひと花咲かせたい」と思っていたマクローリンにチャンスをくれたのは、

アンジェラ・ハークネスという25歳のブロンド巨乳美女だった。アンジェラは1976年にイランの首都テヘランに生まれ、イスラム革命の混乱の中で孤児となり、単身、アメリカに亡命した。

アンジェラはアフリカ系の銀行員ゲイリー・ジョーンズとふたりでNASCARチームを立ち上げ、NASCARもそれを大歓迎した。なぜならばNASCARは白人の男ばかりのスポーツと思われてきたので、ファンの層を広げるためにアフリカ系や女性のドライバーやオーナーを応援していたからだ。たちまちアンジェラはNASCARのアイドルになり、雑誌やテレビに登場した。元幼稚園の先生で、水着のモデルで、警官だったというアンジェラのユニークな経歴も、世間の注目を集めた。

しかし……、全部でまかせだった。経歴も、孤児だという話も。

アンジェラは病的なウソつきだったのだ。彼女をよく知る人々は、アンジェラを「男を食い殺す黒後家《クロゴケ》グモ」と呼んだ。NASCARに参加する前、アンジェラはカリフォルニアの弁護士ディオン・ハークネスと結婚していた。奥手のハークネスは40歳すぎまで独身で、近所のストリップバーでランチを食べるのが唯一の楽しみの男だった。そこでダンサーをしていたアンジェラに出会い、結婚した。が、アンジェラは何度も夫に虐待されたと警察を呼んだ。それは離婚を求める彼女が慰謝料を引き出すための狂言だったが、暴行犯にされたハークネスは弁護士の資格を停止されてしまった。'01年、アンジェラに骨までしゃぶられて一文無しになったハークネスは、357マグナム拳銃を自分の口に突っ込んで引き金を引いた。血と脳みそが飛び散った遺書にはこう書かれていた。

「僕の人生はアンジェラに潰された」

夫の葬式にも出席せず、生命保険金だけを受け取ったアンジェラはテキサスに移り、またストリップを始めた。そこの客だったのが先述のゲイリー・ジョーンズだ。真面目な銀行員で妻子もいたジョーンズだったが、アンジェラにのめり込み、金を貢ぎ始めた。500万円もするベンツを買い、そして言われるがままにNASCARチームを始めたのだ。

アンジェラのチームのメインスポンサーは「ワイヤードフライヤー」という新興のネット旅行代理店で、社長のリック・バートンはNASCARのオーナーになれると言われ有頂天になった。マシンのエンジンを15万ドルで購入し、ベテランレーサー、マクローリンを10万ドルで雇った。

ところが、エンジンの請求書を見たバートンは仰天した。

「今まで渡した金が支払われてない」

アンジェラとジョーンズはバートンの金を持って行方をくらましたのだ。

結局、マクローリンとバートンが必死で金を集めて最初のレースにだけは出場した。それで勝てばスポンサーが集まるかもしれない。しかしレースに出るも先述した事故に巻き込まれてマシンはパア。バートンの会社も倒産。その後、ＦＢＩが詐欺と横領でアンジェラとジョーンズを逮捕したが、アンジェラは5万ドルの保釈金を積んで仮釈放されるやいなや、国外に逃亡した。

’05年、インターポールがドバイでアンジェラを発見した。だが、アラブ首長国連邦とアメリカ間に犯罪者引き渡し条約がなかった！　アンジェラは堂々と新聞や雑誌の取材に応じ、こう発言している。

「今度は、ハリウッドがあたしをモデルに映画を作りたがってるのよ。どうしましょう……」

ええかげんにせーよ、このアマ。

追記◆アンジェラ・ハークネスは結局アメリカに移送され、懲役40カ月の判決を受けた。

境遇を超えた友情を砕いたハンマー
ボクシング・チャンプが友人殴殺────◆'06年5月

ジェームズ・バトラーはUSBA（全米ボクシング協会）の元スーパーミドル級チャンピオンで20勝5敗12KO、「ハンマー」と仇名《あだな》されるハードパンチャーだったが、2004年に、スポーツライターのサム・ケラーマンを殺して逮捕された。

バトラー（31歳）とケラーマン（29歳）は10代からの親友だった。ケラーマンはマンハッタン五番街の高級街育ちで、大学でシェイクスピアを専攻したインテリユダヤ人青年。一方バトラーは、ハーレムの黒人スラムに父なく生まれたギャングあがり。しかもバトラーは、'01年にリチャード〝エイリアン〟グラントとのタイトルマッチで判定負けが決まった直後、勝どきを上げるグラントの死角から近づき、グローブを外した拳でグラントのあごを砕いた。その模様はテレビで生放送され、バトラーは傷害罪で実刑を受けた。凶暴なボクサーと、裕福なユダヤ人ライター……。このあまりにかけ離れたふたりの間に、どんな友情があったのか。

話は100年前にさかのぼる。

サム・ケラーマンの祖父ゼイダはウクライナの寒村に生まれた。ロシアにポグロム（ユダヤ人虐殺）の嵐が吹き荒れていた時期で、ゼイダの兄は警察官たちに面白半分になぶり殺された。復讐《ふくしゅう》に燃えたゼイダ少年は兄を殺したふたりを殴り殺して隣国ルーマニアに逃げ、ヨーロッパを横断し、大西洋を密航してアメリカにたどり着いた。

多くのユダヤ系一世と同じく、ゼイダは息子ヘンリーを強く厳しく育てた。男なら戦え、それがケラーマン家の家訓だった。ヘンリーは猛勉強の末、精神科医として大成功し、戦争では兵士として戦い、戦後は差別と戦う社会運動家になった。

ヘンリーにはサムをはじめ4人の息子が生まれた。長男マックスが小学1年生のころ、学校でユダヤ人と言われてイジメられた。泣いて帰ってきた長男に父ヘンリーは、祖父がユダヤ人狩りに逆襲した話を聞かせた。マックスは翌日、イジメっ子の顔にパンチを叩き込んだ。次に次男のサムが長男マックスに相談した。三男のハリーがサムより年上の少年にイジメられたのだ。マックスは言った。

「お前はどっちになりたい？　肉食獣か？　その餌食か？」

翌日、サムはイジメっ子を半殺しにした。近所の子どもたちは兄弟を〝ケラーマン・ギャング〟と呼んで恐れた。

マックスはモハメド・アリの試合を観て感動し、わずか8歳でボクシング・ジムに通い始めた。長男のボクシング好きはすぐに兄弟に感染し、他の子どもたちが大リーグやアメコミに夢中になるように彼らはボクシングのデータを集め、知識を競った。1982年、テレビ中継されたラスベガスの試合で韓国のボクサー、キム・ドゥックが死亡。それを見た母は息子たちのジム通いを禁じたが、兄弟は親の目を盗んでこっそりボクシングを続けた。

そしてマックスは、地元のテレビ局が30分27ドルで一般に切り売りしていた放送時間を買って、自分のボクシング番組を始めた。彼はまだ16歳だったが、莫大な知識を駆使してのトークで大人気となった。

一方、サムは高校生のときにボクシングジムで〝ハンマー〟と出会った。バトラーは街で暴れているところをジムのトレーナーに拾われた。

「お前はマイク・タイソンと同じだ。ボクシングでもしないと人様に迷惑をかける」

差別と貧困のどん底で育ち、殴ることしか知らないバトラーはジムで出会ったサムとなぜかすぐに親友になり、それにマックスも加わった。マックスたちはボクシングの知識を、バトラーはラップのテクニックを与えあった。

マックスは大学を卒業して、史上最年少のボクシング解説者としてプロデビューし、弟のサムをスポーツライターとして各媒体に売り込んだ。また、マックスとサムはボクシングを歌ったラップのCDを発売した。その歌のプロモビデオに出演したバトラーはついにチャンピオンとなった。それが3人の友情の頂点だった。

バトラーがリング上で傷害事件を起こした後も、ケラーマン兄弟は彼を援助し続けた。事件のせいで東海岸では試合ができなくなったバトラーは西海岸でカムバックしようと、ロサンゼルスにサムが借りたアパートに転がり込んだ。だが、婚約者と同居したかったサムはバトラーを疎《うと》んじるようになった。試合のめどが立たないバトラーはイライラし、次第にサムに八つ当たりするようになった。そして口論の果てに〝ハンマー〟は本物のハンマー（金鎚）でサムを殴り殺した。

精神鑑定でバトラーは躁うつ病と診断された。だが、慕ってくれた十年来の親友を惨殺したボクサーに情状酌量の余地はなかった。'06年4月、ロサンゼルス上級裁判所はバトラーに懲役29年4カ月の判決を下した。

サムは祖父ゼイダの隣に葬られた。

戦うことしか知らない悲しい犬たち

ＮＦＬのスター、闘犬場経営で逮捕――◆'07年９月

ブラッド（血まみれ）スポーツという英語がある。ボクシングなどの格闘技、それにアメリカンフットボールも時にそう呼ばれる。そのフットボールのスーパースターが、最も悪名高いブラッドスポーツに手を染めていた。

闘犬である。

２００７年4月、ＮＦＬアトランタ・ファルコンズのＱＢマイケル・ビックが自分の所有するバージニア州の土地で闘犬場を運営して逮捕された。彼はそこで55匹ものピットブルを飼っていた。闘犬は全米50州で法律によって禁じられており、そのうち48州では重罪となる（日本では賭博をしないという条件で、高知の土佐犬による闘犬が許されている）。ビックは賭博や動物虐待などの罪で最大40年の刑を受ける可能性があるといわれ、罰を軽減するために司法取引に応じて有罪を認めた。

ビックは'04年にファルコンズと10年契約を結び、契約金１億３千万ドルを得た。ＮＦＬで最も金を稼ぐスーパースターは、禁断のスポーツに熱狂する全米４万人の闘犬ファ

ンのひとりだったのだ。

彼が逮捕されたことで、闘犬の残酷な実態が明らかになった。闘犬は子犬のころから生きた猫やウサギを与えられ、それを狩って殺すことで闘争心を植えつけられる。闘犬家は有効な噛み方を教えるため、木に縛りつけた「噛ませ犬」を用意して噛ませる。こうして鍛えられた闘犬は、自分以外のすべての犬を噛み殺そうとする。だから交尾すらできない。交配させるときは「レイプ箱」を使う。箱に固定した雌犬を雄犬に強姦させるのだ。

試合では耳や喉笛が食いちぎられ、足やアバラ骨が折れることも多い。闘争心が強すぎて自分の下唇を食いちぎってしまう犬もいるという。闘犬として使えなくなった犬は、飼い主が感電死させる。マイケル・ビックも8匹の犬の処分に関与したといわれる。

闘犬の試合は人里離れた牧場や、都会の倉庫や、廃工場が並ぶ地域で極秘に行なわれ、参加するには厳しい身元チェックをパスしなければならない。闘犬賭博では1回に数千万円の金が動くといわれ、黒人やメキシコ系のギャングの資金源にもなっている。警察は闘犬場を次々と摘発するが、闘犬ファン人口の増えるスピードに追いつかない。闘犬をテーマにしたラップやファッションも密かなブームとなっている。

「闘犬家にとってタフな犬は、彼自身の男らしさの象徴です」

ルイジアナ大学で犯罪学を教えるロンダ・エバンス准教授は「パームビーチ・ポス

ト」紙で闘犬ブームの心理をそう分析する。

「自分の犬が勝てば飼い主のエゴが満たされます。彼らにとって闘犬は他のプロスポーツと何の違いもありません」

闘犬で逮捕されたスポーツ選手はビックが初めてではない。'05年にはアリゾナ・カージナルスのＲＢルション・ジョンソンが２００匹の闘犬を擁する闘犬場を運営して逮捕され、５年の刑を受けた。ただしジョンソンは引退後だった。現役バリバリのビックの選手生命はどうなるのか？

動物愛護団体はビックの選手生命を永遠に絶つべきだと主張している。

「それは白人の思い上がりです」

デューク大学で女性学を教えるキャシー・ルディ准教授は、ファルコンズの地元紙「アトランタ・ジャーナル・コンスティテューション」紙で〝ビックバッシング〟に反論する。

「闘犬を批判する動物愛護運動家のほとんどは白人です。しかし、先に闘犬をしていたのは白人ではないですか」

イギリスには昔から闘犬文化があった。ブルドッグやブルテリアは〝ブル・ベイティング〟という、雄牛に複数の犬をけしかける遊びのために作られた犬種だ。また、イギリスの上流階級は〝キツネ狩り〟という、ただキツネを追い回して殺す遊びを楽しんでいたし、競馬やドッグレースも、動物たちを無理やり競わせ、ケガをすると処分するという点では闘犬と変わらないではないか。

「現在、アメリカで闘犬をしているのは主に黒人とメキシコ系、それに貧乏白人です。白人の特権階級は自分たちが動物虐待を何百年も楽しんでおきながら、後から貧しい人々が参加するとそれを糾弾するのです」

かつてロウソクの原料にするためにクジラを絶滅寸前まで乱獲した欧米人は、今、捕鯨する日本人を鬼畜のごとく罵っている。それと似たようなものだ。

それにしても、貧困のどん底で育ち、フットボールで戦うことだけで生きてきたビックは、戦いしか知らない闘犬を見て、わずかの同情も抱かなかったのだろうか？

追記◆'09年7月まで刑に服したビックはフィラデルフィア・イーグルスに移籍し、'11年に同チームを地区優勝に導いた。ビックの飼っていた闘犬たちは愛犬家たちに引き取られて、平和に暮らしている。

ＮＦＬのウォーターゲート事件
ペイトリオッツのコーチ、盗撮で処分――◆'07年10月

ＮＦＬ開幕から間もない２００７年９月９日、名門チーム、ニューイングランド・ペイトリオッツとニューヨーク・ジェッツの試合で〝スパイ事件〟が勃発した。

ハーフタイムに入る直前、ジェッツのサイドラインにいたカメラマンが、ペイトリオッツのロッカールームに入ろうとして警備員に止められた。彼はカメラマンではなくペイトリオッツのヘッドコーチ、ビル・ベリチックのアシスタントだった。持っていたビデオカメラには、サインを出すジェッツのディフェンスコーチが映っていた。

その日、ペイトリオッツは38－14で圧勝した。ベリチックがサインを盗んだおかげかどうかわからないが、ジェッツのＳ（セーフティ）、ケリー・ローズは「こちらのやろうとすることが筒抜けみたいだった」と不思議がっている。

ＮＦＬではチームがフィールド内やロッカールームにビデオ機器を持ち込むことを禁じているので、ベリチックは50万ドル、ペイトリオッツは25万ドルの罰金および来季のドラフト１巡目指名権を奪われた。

ベリチックは罪を認めていないが、彼には以前からサイン盗みの疑惑がある。'01年のプレイオフでペイトリオッツとぶつかったピッツバーグ・スティーラーズのＷＲハインズ・ウォードは「サインが知られていたとしか思えない」と言っている。'04年のスーパーボウルでペイトリオッツと対戦したフィラデルフィア・イーグルスのＣＢシェルオン・ブラウンもこうグチっている。

「こっちがブリッツ（守備側がＱＢに突進してパスをじゃまする戦術）を仕掛けると、やつらはそれを知っていたかのように短いパスやスクリーンパスでかわしてしまうんだ」

'06年にも、グリーンベイ・パッカーズとの試合でペイトリオッツのためにサインを盗撮しようとした男が見つかっている。

しかしなぜ、サイン盗撮なんてセコいことを？　ベリチック率いるペイトリオッツは'01年、'03年、'04年のスーパーボウルに優勝した強豪チームで、'07年も開幕以来負けなしで絶好調なのだ。ズルなんかしないで堂々と戦えばいいいじゃないか。

「ベリチックはそういう人なんだ」

ジェッツのヘッドコーチ、エリック・マンジーニは言う。マンジーニはベリチックの弟子で、'06年シーズン途中まで彼の下で働いていたのだ。しかしライバルのジェッツがマンジーニをヘッドコーチとして引き抜こうとしていることを知ったベリチックは、弟子の出世を喜ぶ代わりに、ペイトリオッツ本部の鍵を全部替えさせてマンジーニをチームから締め出した。ジェッツ移籍後、初めて師弟対戦となった試合でも、恒例のヘッドコーチ同士の握手にベリチックが応じず、マンジーニが無理やり20歳年上の師匠の腕をつかんで握手させるという珍場面がテレビで放送された。

とことんスポーツマンシップに欠けるベリチックだが、それだけじゃない。大事な選手を潰してもいる。ペイトリオッツ優勝に貢献したＬＢテッド・ジョンソンは、'02年の試合中に脳震とうで倒れたわずか４日後、ベリチックに無理やりフルコンタクトでの練習を強制され、それが原因で脳障害を起こし、引退を余儀なくされた。ジョンソンは現在、アルツハイマー病に近い記憶障害に苦しんでいるが、ベリチックは「嫌なら断ればよかったんだ」と開き直っている。

「ベリチックは、あのニクソン大統領を思わせる」

「スポーツ・イラストレイテッド」誌のライター、ピーター・キング氏は嫌われ者のふたりを比較する。ニクソンは'72年の大統領選挙で圧勝して再選したが、敵方の民主党オフィスを盗聴した、いわゆる〝ウォーターゲート事件〟の張本人だ。ニクソンもベリチックも苦労して成り上がったために他人を信じられず、勝つためなら必要以上のことまでやらずにいられない人間だった。

大統領選挙の民主党予備選に出馬したビル・リチャードソンまでがスピーチでペイト

リオッツの盗撮事件に触れ、国民の電話を盗聴し、メールを盗み見続けるブッシュ政権にたとえた。そう、今のアメリカでは政府による国民に対するスパイ行為はテロ対策のための「愛国法」で合法化されている。国が勝つためなら何をしてもいいと公言してるのに、スポーツにだけフェアプレイを求めてもなぁ……。

ちなみに愛国法は英語で〝ペイトリオット・アクト〟というのだ。

追記◆'07年、ベリチック率いるニューイングランド・ペイトリオッツは16戦全勝でAFCリーグ優勝を果たし、スーパーボウルでニューヨーク・ジャイアンツと激突した。おおかたの予想どおり、ペイトリオッツの4点リードで迎えた第4クォーター、鉄壁を誇ったペイトリオッツの守りが突如崩れ、ジャイアンツが一挙に14点も入れて逆転勝ち。NFL史上に残る番狂わせとなった。

ホーガンは何でも知っている？

ハルク・ホーガン一家の大崩壊――◆'08年９月

オイラがガキのころ、夕方６時は月曜から金曜まで民放各局がアニメの再放送を流していた。ただ、土曜日だけはなぜか全局、アメリカのテレビドラマになった。『わんぱくフリッパー』『アイ・ラブ・ルーシー』……、ガキにはまったく面白くなかったが、他にないので観ていた。

その中に『パパは何でも知っている～Father Knows Best』という'50年代の白黒ドラマが放送されていた。郊外の住宅地に住むサラリーマンの父親が、毎週子どもたちの起こすトラブルをクレバーに解決する、というストーリーだ。まぁトラブルといってもパパのクラリネットを壊しちゃった程度の健全きわまりない話だったが。

それから48年後、『ホーガンは何でも知っている～Hogan Knows Best』という番組が始まった。'80年代にＷＷＦで一世を風靡《ふうび》したプロレスラー、ハルク・ホーガン一家にカメラを持ち込んで日常を記録した、いわゆる「リアリティＴＶ」だ。

実はホーガンの長女ブルックは金髪巨乳でスタイル抜群のセクシー美女。番組の中で歌手デビューする。つまりそのプロモーションのためにホーガンが身内の恥を晒すことにしたのだ。

ホーガン家はみんなワガママ。妻リンダは動物が大好きで、犬・猫・鳥、それにチンパンジーまで勝手に飼い始めて、いつの間にか家は動物園状態。17歳の長男ニックは父親とは似ても似つかないヘラヘラしたボンボンで怠け者のパーティ大好き野郎。彼らに振り回されてリングよりも苦労するホーガン父さん。

あいにく娘ブルックのCDはヒットしなかったが、『ホーガンは何でも知っている』の視聴率は好調だった。にもかかわらず、2007年10月、放送は打ちきられた。長男ニックが交通事故を起こしたからだ。

ニックは愛車トヨタ・スープラを公道で飛ばしていてコントロールを失い、回転しながらパームツリーにクラッシュした。助手席にいた友人ジョン・グラジアーノは一生身動きができない身体になった。ニックからはアルコールが検出され、禁固8カ月の刑を受けた。

ここから、ホーガン一家の崩壊が始まる。

事故で前頭部が陥没してしまったグラジアーノの無残な姿が芸能番組で放送されると同時に、ニックが拘置所から父親にかけた電話のテープが警察から公表された。

「グラジアーノは天罰だよ。嫌なやつだったから」

実はグラジアーノは兵士としてイラクで戦った英雄だった。彼の家族はニックを訴え、生涯、グラジアーノの世話をするよう要求した。

この家族の危機をよそに、妻のリンダはふらっとひとりでカリフォルニアへ旅行に出かける。すると翌日、ひとりで自宅にいたホーガンにマスコミからの電話が殺到した。

「奥さんが離婚裁判を起こしましたよ！」

寝耳に水だった。

妻リンダは離婚裁判で、ホーガンのもつ10億円の財産の半分を求めた。おまけに彼女には男がいた。それも30歳も年下の、息子の学校の同級生だ。頭にきたホーガンは、妻のためにラスベガスに買った5億円のコンドミニアムのローン支払いを拒んだが、それも妻に訴えられた。

10億円の資産の半分をとられたうえに、コンドミニアムのローンまで支払ったら、どうやって息子の被害者の賠償ができるというのだ？　困り果てたホーガンは裁判に出頭せずに逃げ出した。妻は「命令違反で刑務所に行けばいいのよ！」とマスコミに叫んだ。

ホーガンは、家族の正体を何も知らなかったのだ。

あまりにもハチャメチャな家族崩壊ぶりなので、「この離婚訴訟はホーガンが交通事故の被害者への賠償金を払いたくないから始めた芝居に違いない」と噂された。対するホーガンはテレビで「芝居でここまでひどいことをするか？　女房は19歳のガキと俺の車で遊んでやがるんだぜ！」と反論した。

が、そのホーガンも、娘の友人と寝たことをその浮気相手に暴露されてしまう始末……。

今のところただひとり無傷のブルックは、'08年夏から新番組『ブルックは何でも知っている』を始めた。両親の別居で、20年住み続けた親の家から生まれて初めて独立してひとり暮らしを始める苦労のドキュメント。

料理も家事も何ひとつできないのに、このタイトルは皮肉だよな。

追記◆2007年、追い詰められたハルク・ホーガンはついに拳銃をこめかみにあてたという。その時、偶然にもモハメド・アリの娘、ライラから電話がかかってきて、励まされたホーガンは自殺を思いとどまった。その後、知り合った女性とホーガンは再婚したが、前のカミさんと同じタイプの金髪グラマー。いろいろと大変なホーガンは58歳の今も断続的にリングに上がり続けている。

女に撃たれるスター選手たち

『ナチュラル』は実話なのだ——◆'09年10月

全米が独立を祝う7月4日、ナッシュビルの高級コンドミニアムで、元NFLのスターが殺された。

スティーブ・マクネア（36歳）。ナッシュビルの地元チーム、テネシー・タイタンズのQBだった彼は、ソファに座ったまま、拳銃の弾を頭部に2発、胸に2発受けて死んでいた。そのコンドミニアムはマクネアが友人たちと共同で所有していたもので、外出先から帰った友人がマクネアの死体を発見した。解剖ではマクネアの身体からアルコールが検出された。酒に酔って、眠っているところを撃たれたらしい。

マクネアは〝エアー・マクネア〟の異名をとるロングパスの名手だった。'07年までの13年間の選手生活で通したパスの飛距離は合計3万ヤードを超えた。彼は、'00年にタイタンズをスーパーボウルに導いた立役者だった。

人柄もよく、チームの内外から慕われていたマクネア。私生活でも4人の子どもをもつ家庭人だった。引退後は貧しい少年少女のための基金を設立し、慈善活動に積極的だった。女、麻薬、暴力、借金などのスキャンダルを起こすNFLスターが多いなか、マクネアはクリーンなイメージで知られていたのだが……。

彼の横には、若く、美しい女性が倒れていた。彼女はこめかみを1発撃たれていた。凶器の9ミリ拳銃は彼女の身体のそばにあった。そして彼女の手には、拳銃を撃ったときに付着する硝煙反応があった。

彼女の名はサヘル・カゼーミ。イラン生まれで、幼いころに両親を失い、アメリカに養子として引き取られた。まだ20歳で、ナッシュビルのレストランでウェイトレスとして働いていた。仕事場の同僚によるとカゼーミは半年ほど前、その店を訪れたマクネアと交際を始めたが、最近は「捨てられる」と恐れていたらしい。

このニュースを聞いたアメリカ人は、ちょうど60年前のある出来事を思い出した。'49年、フィラデルフィア・フィリーズの一塁手エディ・ウェイトカスが、女性ファンに撃たれたのだ。

犯人はルース・アン・ステインヘイゲンという19歳の女性。シカゴに住むルース・アンは、シカゴ・カブス在籍中のウェイトカスを見てひと目で大ファンになり、彼女の部屋はウェイトカスの写真だらけになった。ルース・アンは若く、美しかったが、なぜか一度もウェイトカスに直接会おうとはしなかった。しかし毎回、自分の食事のテーブルには、ウェイトカスの分を用意していたという。

ウェイトカスがフィリーズにトレードされたとき、ルース・アンは「捨てられた」と感じた。そして彼を殺すしかないと思いつめるようになった。

ウェイトカスがカブスとの試合でシカゴを訪問すると、ルース・アンは彼の宿泊先のホテルに自分も部屋を取り、フロントを通じて「とても大事なお話があります」と書いた手紙を渡した。ウェイトカスが彼女の部屋に入って椅子に座ると、ルース・アンは22口径ライフルで彼の胸を撃ち抜いた。

弾丸はギリギリで心臓を外れ、ウェイトカスは一命をとりとめた。逮捕されたルース・アンは精神病院に収監された。ウェイトカスはリハビリを経て翌年には試合に復帰し、'55年まで選手を続けた。作家バーナード・マラマッドはこの事件をヒントに小説『ナチュラル』を書き、'84年にはロバート・レッドフォード主演で映画化された。

いや、テネシー出身のNFL選手フレッド・レーンのほうがマクネアに近いかもしれない。カロライナ・パンサーズのRBだったレーンは自宅で夫婦喧嘩の末に、妻にショットガンで射殺された。

マクネアの妻メッチェルは、夫に愛人がいる事実にまるで気づかなかったという。ただ、彼女は6年前の「USAトゥデイ」紙のインタビューに、こう答えている。

「人生には確かなことは何もありません。夫と私が永遠に添い遂げる保証なんてないんです」

第4章

私を観戦に連れてって

Take Me Out To The Ball Game

「ヘイ・ソング」の歌手はロリコン野郎
スポーツ観戦の定番ソングの歌手が逮捕――◆'06年10月

2006年9月10日、NFLは各チームに対してゲイリー・グリッターの曲を試合で流さないよう勧告した。グリッターの逮捕を受けての決定だが、この逮捕はNFLだけでなく全米のスポーツ界を震撼《しんかん》させた。

ゲイリー・グリッターは1970年代初期のイギリスのロックシンガー。当時はグラムロックの全盛期。デヴィッド・ボウイやマーク・ボランが女性のように化粧し、スパンコールのキラキラ輝く衣装を着て、女のコをキャアキャア言わせていた。このブームに乗ろうとしたひとりの売れない歌手が「ゲイリー・グリッター（ギンギラギン）」という芸名を名乗り、銀のツナギに銀のブーツという衣装で登場した。

ゲイリー・グリッターはオッサンくさいルックスで、グラムロックには似合わず、歌もひどかった。『ロックンロール』という歌の歌詞はほとんど「ロックンロール」と繰り返すだけ。続編の『ロックンロール・パート2』にいたっては歌詞すら消えてひたすら「ヘイ！」と掛け声をかけるだけ。これは大ヒットしたが、真面目なロックファンからは『完全無欠のロックンローラー』のアラジンのようなイロモノ扱いされ、グラムブームの終焉《しゅうえん》とともにグリッターも消えた。

そのグリッターがなぜかアメリカの中西部で蘇った。'70年代終わり、NHLのコロラド・ロッキーズ（ニュージャージー・デビルスの前身）が試合中に、応援のBGMとしてグリッターの『ロックンロール・パート2』のリフを流したのだ。これを同じデンバーのNFLチーム、ブロンコスがマネし始めた。タッチダウンするとリフが流れ、スタンドを埋め尽くすファンが一斉に「ヘイ！」と叫んで歓喜のジャンプ。その様がテレビで放映されると、プロアマを問わず、アメフトから野球からホッケーからバスケから、あらゆるチームが得点のファンファーレとして『ロックンロール・パート2』を使い始めたのだ。

それまで、スポーツの試合の音楽といえば、高校や大学ではブラスバンドとドラムライン、プロチームではオルガンの生演奏、それに試合前の国歌斉唱、野球なら7回表の『私を野球につれてって』の合唱と決まっていた。ところが『ロックンロール・パート2』をきっかけに、いろんなポップソングが試合で使われるようになった。

たとえばクイーンの『ウィ・ウィル・ロック・ユー』。イントロの♪ドンドンパンを右足左足手拍子と叩いてスタジアムを文字どおり揺るがせ、「We will, we will rock you（お前らをロックしてやるぜ）！」の〝You〟で敵チームを指差す。勝っている試合ではそのままレコードどおりに『伝説のチャンピオン』につないで「負け犬には用はない。俺たちゃチャンピオン」と高らかに歌い上げる。

ヤンキースタジアムでは5回の表にグラウンドキーパーたちがフィールドに出てヴィレッジ・ピープルの『Y.M.C.A.』の振り付けを「Y、M、C、A」と踊ってヤンキースファンを総立ちにする。

音頭みたいな曲が多い中で珍しいのは、ボストン・レッドソックスのテーマ曲、ニール・ダイアモンドのバラード『スウィート・キャロライン』。レッドソックス優勝の瞬間を撮影したラブコメ映画『2番目のキス』（'05年）にも、観客が両手でウエーブしながら合唱するシーンがある。

ノックアウトされてマウンドを降りるアウェイのピッチャーに観客が「♪ナナナーナ、ナナナーナ、ヘイ・キス・ヒム、グッバイ」と歌うのを見たことがある人も多いだろう。あれはスチームという'60年代末のグループの歌。野球ファンはみんな歌は歌えるが、誰が歌っているのかは知らない。それと同じで、『ロックンロール・パート2』発売から30年たった今、たいていのスポーツファンは歌手の名前も本当の曲名も知らず、これを「ヘイ・ソング」と呼んでいた。

ところが'06年3月、61歳のグリッターがベトナムで逮捕された。未成年の少女をレイプした罪だ。グリッターは'99年にも14歳の少女と淫行した罪でイギリスで逮捕されて懲役刑を受け、'02年にもカンボジアで少女買春で逮捕され国外追放されている。'04年には新曲『コントロール』を発表して、ついに自分の性癖をコントロールできたのかと思われたが、やっぱり無理だったらしい。

「スポーツの観客には青少年が多いから」とNFLはグリッターの曲を禁止し、それに従ってニューイングランド・ペイトリオッツは新しい応援歌を決めるためにファン投票を行なったが、その結果がチャイコフスキーの『序曲1812年』ってのはホントかね?

同じファン投票をカンザスシティ・チーフスも行なったが、ファンから殺到したのは「NFLの官僚主義に屈服してあんなに燃える応援歌をやめるな!」という怒りのメールばかりだった。

結局、チーフスはチューブ・トップスという女性バンドのカバーバージョンを使うことにして「ヘイ・ソング」を守りました。ヘイ!

ポンポン振るのに脳みそはいらない？

ロケット工学者のチアリーダー登場――◆'07年2月

「あなたみたいにルックスがいい女のコは勉強なんてしちゃダメなのよ。私たちみたいに難しいことは考えないで、ミニスカートはいてお尻ふって愛嬌《あいきよう》振りまいてりゃいいの」

オフ・ブロードウェイで上演中のコメディ『ビクトリア・マーティン／数学チームの女王』で、ヒロインのビクトリアが高校の数学クラブに入りたいと言い出すと、彼女の友達のチアリーダーはそう言って止める。

ビクトリアは美しい女子高生で、数学が大好き。日本なら才色兼備なのに、アメリカの高校では優等生は優等生、スポーツマンはスポーツマン、オタクはオタク同士で徒党《クリーク》を組み、他のクリークとは話もしない。オシャレと男にしか興味のないクリークにいるビクトリアが数学クラブに入るのは、ヤクザが他の組で杯をもらうような行為なのだ。

「勉強なんて、ルックスが悪い人がすることよ。私たちはきれいなんだからバカなほうが男のコに好かれるのよ」

そんなチアリーダーたちのプレッシャーにもめげず、ビクトリアは好きな数学に打ち込み、見事、州大会でチャンピオンになる。

こんな芝居が作られるってことは、これがありえない夢物語だからだ……と思ったら、なんとＮＦＬのチアリーダーにロケット工学者がいた。ヒューストン・テキサンズの試合でポンポンを振るチアリーダー、サマー・ウィリアムズはＮＡＳＡジョンソン宇宙センターで働く25歳のエンジニアである。

「私が育ったカンザスでは、可愛い女のコはみんなチアリーダーになるものと決まっていたの」

サマーは「スポーツ・イラストレイテッド」誌の取材でこう答えた。ダンスを習っていた彼女も高校に入るとチアリーダーに誘われたが、断った。

「勉強がしたかったから」

サマーは法廷病理学者になりたかった。犯罪者の精神鑑定をする仕事だ。しかし物理の教師に見せられた『アポロ13』によって進路を変えられた。月に向かって飛び立ったアポロ13号が事故で地球に戻れなくなる実話を描いた映画だ。彼女の関心は主人公の宇宙パイロットよりも、彼らを救うため一丸となって働くヒューストンの地上管制室の科学者たちに向けられた。

「ロケットにとっての頭脳である彼らにものすごく興味がわいちゃったの」

サマーは大学へ進学し、航空宇宙工学を専攻した。

「勉強ばっかりしてたから、フットボールなんて見たこともなかったわ」

NASAに協力する民間企業ジェイコブス・エンジニアリングに就職した彼女は、国際宇宙ステーションの研究開発に従事した。他の研究者と同じく野暮ったい白衣を着て。

ところが地元のNFLチーム、ヒューストン・テキサンズがチアリーダーのオーディションをするという広告を見た同僚たちが、彼女に応募するよう激しく説得した。もしサマーが合格すれば彼らもチアリーダーたちと合コンできる、というアホな理由だったが、彼女は承諾した。応募したらずっと昼食をおごると約束されたからだ。

オーディションには書類選考を通過した千人の女性が集まった。みんな真剣だから私なんか無理だわ、と思ったサマーだが、あれよあれよという間に勝ち残って、合格してしまった。別にうれしくなかった。高校時代からずっと男ばかりの科学畑しか知らないサマーは、チアリーダーなんてエアーヘッド（頭カラッポ）のビンボー（見かけだけの女）がやること、と軽蔑していたからだ。

だが渋々、練習に参加したサマーは驚いた。たしかにビンボーは多かったが、なかには名門スタンフォードを卒業した投資コンサルタントや自宅介護士派遣業の経営者など、教養や社会的実績のある女性もいた。それはヒューストンに限ったことじゃない。たとえばデンバー・ブロンコスのチアリーダーには大卒が11人、修士はふたりもいた。

チアリーダーは決して楽な仕事ではない。給料は最低賃金レベルで、自動車のガソリン代にもならない。しかも練習は週に3日、シーズン中は週4日もある。彼女たちは本業の職場で早朝6時から深夜まで働いて練習の時間を捻出していた。真剣に好きでなければできない仕事なのだ。

「私の偏見は覆されたわ」と言うサマーは、ロケット工学者兼チアリーダーとして積極的にマスコミに登場して、世間の常識をひっくり返している。NASAも彼女の活動に全面的に協力しているそうだけど、果たして合コンはうまくいったのかね？

「チョット、ボール、ナゲテクダサイ」
大リーグで3千個のボールを集めた男――――◆'07年4月

2007年シーズン、大リーグ最大の話題はもちろん、マツザカ――。

「ジャイロボールは実在するのか?」

というネタが、アメリカでも論争になり、名づけ親の手塚一志が訪米してCNNのために実演。科学者まで巻き込んで大論争となっている。

それはそれとして、テレビで大リーグを観る人は、マツザカがブルペンで投球練習を終えた後、またはマウンドからダッグアウトに向かう途中にスタンドからこんな声がかかるはずなので、聞き逃さないでほしい。

「チョットー! ボール、ナゲテー、クダサーイ!!」

その英語訛《なま》りの日本語は、ザック・ハンプルの声だ。

ザック・ハンプル('77年生まれ)は、大リーグのボールを2961個も集めた男である。

ザックは'06年にサンディエゴのペトコパークでバリー・ボンズの放った第724号ホ

ームランをダイレクトキャッチし、その瞬間はテレビで中継された。でも、記録的なボールはそれぐらいで、約3千個のコレクションのうち半分は、ファウルでスタンドに入ったボールだ。

ザックが大リーグのボールを自分のものにする快感に魅入られたのは12歳のころ。両親に連れられてニューヨークのシェイスタジアムに地元メッツとセントルイス・カージナルスの試合を観にいったときだ。打撃練習で一塁側に飛び込んだボールが、ザックの手に転がり込んだのだ。

それ以来、ザックはスナッグ（客席でボールを捕ること）にとりつかれた。13歳のシーズンでは14個、14歳のシーズンでは128個ものボールをつかんだ。そして今までの16年間に計450試合を観戦し、最低でも1試合1個はボールをゲットしてきた。

ファウルとはいえ、待っているだけでボールのほうから飛んでくるわけじゃない。次の打者が右利きなら左翼スタンド、左利きなら右翼スタンドにザックは走って移動する。

そのために、打順と各選手のデータは必携だ。そればかりか投手がどう投げて打者がどう打つかを事前に察知するために、各チームのサインまで読めるようになったという。ザックはフェンスの下に転がるボールも逃さない。ロープをつけたグローブを落として巧みに釣り上げる。

そして、コレクションの3分の1はプレイヤーから投げてもらったボールだという。

「すみません。そのボールください」

という意味の言葉を、ザックはスペイン語やイディッシュ語（東欧系ユダヤ人の言語）などで話せるという。聴覚障害のプレイヤー、カーティス・プライドのボールをもらうために手話まで勉強した。

もちろん、最近増えている日本人選手のために日本語も勉強した。'98年、シェイスタジアムで野茂に声をかけたときは、ボールを投げてもらったのだが、ちょっと狙いが外れて他のファンに捕られてしまった。

「今のところ、日本人はまだカズ・マツイのボールしか集めていない。マツザカはキッそうだなあ」

ザックはコレクションを求めて大リーグの30球場全部に遠征し、各球場のクセを知り尽くしている。ニューヨーク生まれの彼はいちおうメッツのファンだが、全チームの帽子を持っている。一塁側と三塁側を移動する間に帽子を替えるわけだ。

'04年4月19日のメッツ対エクスポズ戦でザックは自己新記録の1試合19個のボールを集めた。17個は打撃練習で、1個は試合中のファウル、最後の1個は試合後にフィールドに落ちていたのを拾った。

そんな彼を意地汚いボール収集家だと嫌う人も多い。地元のシェイスタジアムは彼の入場を拒否した。だがザックは他の観客に迷惑をかけていないし、他の子どもが欲しがったらその場でボールをやるという。

「スナッグすると僕は10番目の選手になったような気分になれるんだ。ピッチャーが投げて、バッターが打ったボールを僕がグローブでキャッチするわけだからね」

ザックはその知識を『メジャーリーグのボールを捕る方法』『賢い野球観戦術』という2冊の本にまとめ、今はフリーライターの看板を掲げている。だが、ボールを追いかけアメリカ中を旅するキング・オブ・スナッグの私生活はどうなっているのか。

「僕は最近、彼女ができたんだよ」

ザックは言う。

「彼女はまったく野球に興味ないけど、僕を愛してくれる限りＯＫさ。恋愛とスナッグの両立はキツいけど、頑張るだけの価値はあるよ」

「いっそ一度も優勝しなければよかったのに」

1万敗フィリーズファンのマゾヒズム――――◆'07年8月

２００７年7月15日夜、フィラデルフィア・フィリーズの本拠地――シチズンズバンクパークで前人未到の新記録が打ち立てられた。

地元のフィリーズは、セントルイス・カージナルスに6発もホームランを食らい、10－０で9回裏を迎えた。最終回でなんとか2点返したものの、時すでに遅し。２死でライアン・ハワードが2ストライクに追い込まれると、スタンドを埋め尽くした4万5千人のPhans（フィリーズのファン）は、ふがいない自分のチームにブーイングを浴びせた。

結局ハワードは三振し、フィリーズは10－2で敗戦。するとブーイングは、なぜかスタンディングオベーションに変わった。それは大リーグ史に残る瞬間だったからだ。フィリーズはプロスポーツ史上初めて〝1万試合負けたチーム〟になったのだ。

ざっとフィリーズの記録をひもといてみる。この記念すべき敗戦で、通算成績は８８１０勝1万敗。2番目に負けが多いアトランタ・ブレーブスに３２０試合、ワースト３

のシカゴ・カブスに５７５試合もの差をつけて、堂々最多敗戦チームである。勝率は４割６分８厘で、両リーグ通して下から５番目。最弱はタンパベイ・デビルレイズ（現レイズ）の３割９分７厘だが、他の勝率ワースト４はフィリーズより80歳以上若いチームばかり。さらにフィラデルフィア市民を５世代にわたって嘆かせてきたフィリーズが１２４年間でワールドシリーズに優勝したのは、27年前の一度きり。その間にハレー彗星ですら２回も地球に来ているのに！

こういうとき、アメリカ人はよく「呪い」のせいにする。ボストン・レッドソックスもワールドシリーズにどうしても勝てなかったが、「バンビーノの呪い」だといわれていた。ベーブ・ルース（あだ名はバンビーノ）をヤンキースにトレードに出したバチが当たったというのだ。フィリーズが負けまくったのもトレードのせいだ。呪いじゃなくて、戦力になる人気選手を目先の金目当てで放出したのだ。また、ジャッキー・ロビンソンが黒人初のメジャー選手になった後もフィリーズは、10年間も黒人の入団を拒んでいた。それも勝てない原因だった。

「フィリーズが連勝すると、議会で調査委員会が組まれるよ」

選手自身がそんなジョークを飛ばすほどで、１９６１年には23連敗という不名誉な記録をも打ち立てた。

しかしそれが厄払いだったのか、’61年以降は年間１００敗もしなくなり、’76年からは

3年連続で地区優勝。'80年、'83年、'93年にはリーグ優勝し、ピート・ローズが活躍した'80年にはついにワールドシリーズで初めてチャンピオンに輝いた。'90年代には再び落ち込んだが、ここ数年は常にAグループで頑張っている。

それでもやっぱり惜しいところで運命の女神に裏切られる。1964年9月、フィリーズは2位に6・5ゲーム差をつけてトップを独走していた。残りわずか12試合で優勝間違いなしだったのに、いっきに10連敗して優勝を逃した。また'93年のワールドシリーズではトロント・ブルージェイズとの6戦目、3勝3敗のタイに持ち込める寸前の9回裏に満塁ホームランで逆転サヨナラ負け。そのときのファンの失望は察するに余りある。

イギリスの作家ニック・ホーンビィは、サッカー・プレミアリーグのアーセナルが低迷して心労のあまり精神科医のお世話になったと、著書『ぼくのプレミア・ライフ』(新潮社)に書いているが、フィリーズファンの作家ジョー・クィーナンも著書『狂信者たち/スポーツファンの悲惨な生活』で、精神科に通った経験を告白している。

フィリーズが負け続けるせいでうつになったと訴えても医者は理解してくれない。ところが彼が通院を始めると、なぜかフィリーズは勝ち始めた。このジンクスを死守するため、彼は医者に通い続けた。フィリーズは勝ち続けた。ほっとしたクィーナンが通院をやめると、フィリーズはまた負け始めた。それ以来、彼はフィリーズの負けは自分の責任だと思っているという……。ファンのマゾ心理を実によく表わした話だ。

「ヤンキースのような常勝チームのファンは本当のファンじゃない。彼らは何の報いもなく信じ続ける試練を受けていない」と断言するクィーナンは、フィリーズファンであることで世界の弱者や不幸な人々に共感できるという。これはもはや哲学や宗教の境地だ。なにしろクィーナンは幸運にも’80年の唯一の優勝を体験しているにもかかわらず
「あのとき、優勝すべきじゃなかった」とまで言ってのけるのだ。

「１２５年間、一度も優勝できなければ、フィリーズは神秘の力を得られると思うんだ」

それってどんな負の力だよ！

追記◆この後、フィリーズは優勝した。詳しくは２４９ページ。

野球カードになぜホッケー選手の名が？
グレツキー・カードは史上最高の3億円！――◆'08年10月

灼熱の太陽が照りつけるアリゾナの砂漠のど真ん中に、巨大なアイススケートリンクがあった。2008年9月、筆者はNHLフェニックス・コヨーテズのホームアリーナを訪ねた。コヨーテズのオーナー兼監督であり、世界最高のアイスホッケー選手と呼ばれるウェイン・グレツキーの取材に、通訳として同行したのだ。

「その功績を称えて〝ザ・グレートワン（偉大なる男）〟と呼ばれるグレツキーさんにお会いできて光栄です」と挨拶すると、カナダ出身のスーパースターは苦笑した。

「功績を称えてつけられた異名じゃないよ。5歳でホッケーやってたら、地元の新聞にそう書かれただけだよ」

「でも、あなたの『パックのあるところに滑っちゃダメだ。パックが行く先にスケートするんだ』という言葉は、アップルのスティーブ・ジョブスまでがビジネス哲学として引用した名言ですね」

「あの言葉は私じゃなくて、うちのオヤジが言ったんだよ。お前は身体が小さいんだから頭を使わなきゃ勝てないって。君たち、本当のグレートワンは3千本安打のイチローだよ。私は大の野球ファンなんだ。できたら、イチローに会わせてくれないか？」

世界のグレッキーは驚くほど謙虚な男だった。ただ、野球ファンというのは本当で、史上最高額のベースボールカード「グレッキーT206ホーナス・ワグナー」の名前にまでなっている。

NHLのプレイヤーがなぜ野球カードの名前に？

T206とは、1909年、アメリカン・タバコ・カンパニーが自社のタバコにオマケでつけた野球選手カードのシリーズ番号だ。このなかにピッツバーグ・パイレーツの選手ホーナス・ワグナーのカードがあった。ところが〝史上最高の遊撃手〟ワグナーはカードの製作を差し止めた。子どもがカード目当てでタバコを買うことを心配したからといわれる。結局、出回ったワグナーのカードは、わずか200枚以下だった。縦6・7センチ×横3・6センチ、ワグナーの顔だけが印刷された地味なカードだが、コレクターたちは血眼《ちまなこ》でこれを探し求めた。

’85年、コレクターのビル・マストロがワグナーのカードを3万ドルで手に入れた。保存状態は10段階評価で8点。これまで見つかったなかで最高の状態だった。マストロはオークションを開いてカードを売ったが、買い手はしばらくたつとまたマストロ主催のオークションでそのカードを転売した。それが繰り返されるうちに値段はどんどん吊り上がっていった。

'91年、マストロはこのワグナーのカードを美術品の競売で知られるサザビーでオークションにかけた。競売が始まると値段はいっきに30万ドルを超え、最後に残ったふたりが交互に1万ドルずつ値を吊り上げる壮絶な競りあいになった。結局、電話による匿名の競り手が前代未聞の41万ドルで競り落とした。彼の正体こそNHLのスーパースター、グレツキーだった。こうして、そのカードは「グレツキーT206ホーナス・ワグナー」と呼ばれることになったのだ。

グレツキーはたしかに野球ファンだが、実はカードのコレクターではなかった。その背後には黒幕がいた。NHLロサンゼルス・キングスのオーナー、ブルース・マクノールだ。彼は有名なコレクターで、ローマ帝国などの古銭収集を専門とし、オークションを操作してバブル状態を作り出して価格が高騰したところでコレクションを博物館に売り、30歳代で1億5千万ドルの財産を築いた。その金でキングスの株を買ってオーナーになっただけでなく、グレツキーをカナダのエドモントン・オイラーズからNHL史上空前の契約金で引き抜いた。「国民的英雄を金で奪われていいのか」とカナダの議会で論議になったほどの大事件だった。

マクノールがグレツキーにワグナーのカードを競り落とさせた理由は、コインと同じようにカード市場でもバブルを作り出し、ひと儲けしようと企んでいたから……らしい。

「らしい」というのは、その前にマクノールは逮捕されてしまったからだ。銀行をだまして2億ドル以上の融資を受けたマクノールは、懲役5年10カ月の刑を受けた。

グレツキーは、悪名が立ってしまったワグナーのカードを、買値とほとんど変わらない50万ドルで売り払った。買ったのは全米最大のスーパーチェーン、ウォルマート。ウォルマートはそのカードを全米の店舗で巡回展示し、抽選で1名にプレゼントするというキャンペーンを始めた。これで野球カードブームに火がつき、キャンペーン期間中にウォルマートは、3千万枚もの野球カードを売り上げたという。

抽選では郵便局員の女性が当選したが、50万ドルの贈与に対する税金が払えないので、カードはすぐに競売にかけられ、その後もコレクター間を転々とし、今やオークション界の立役者となったマストロが主催するネットオークションでブームはさらに過熱し、ついに今では280万ドルに達した。

最近ではシンシナティの黒人コレクターが別のワグナー・カードを発見し、鑑定を受けたが、当時の紙に印刷されたニセモノと認定された。持ち主は「私が黒人だから差別している」と訴え、社会問題にまで発展している。たかが小さな紙っぺらに群がる欲望の狂騒曲だ。ワグナーのカードを売買して値を吊り上げている連中の中に、本当に野球が好きで、本当にそのカードが欲しい者がいるのだろうか。

インタビューが終わるとグレツキーは、こちらが持ってきたコヨーテズのジャージにニコニコとサインしてくれた。これっていくらで売れるかな？　そういうこと考えるからダメなんだってば！

「殴られても大ファンです！」スポーツという宗教を描く映画『ビッグ・ファン』――◆'09年12月

「俺はリングに帰ってきた。おまえたちファンがいるからだ」

映画『レスラー』（'08年）のミッキー・ロークはそう叫んでマットに命を散らした。その『レスラー』の脚本家ロバート・シーゲルは、監督第1作『ビッグ・ファン』で、今度は観客席の側を描いた。華やかなプロスポーツを陰で支える健気《けなげ》なファンの実態を。

マンハッタンからフェリーで行くスタッテン島という労働者の街に住む主人公ポールはNFLの地元チーム、ニューヨーク・ジャイアンツの大ファンだ。36歳なのに今も母親と暮らし、駐車場の料金係という退屈で未来のない仕事を続けながら、すべてをアメフトに注《そそ》ぎ込んでいる。

シーズンチケットは目の玉が飛び出るほど高いので買えないが、テールゲイトは欠かさない。テールゲイトとは、スタジアムの駐車場にバンをとめてテレビで試合を観ながら酒盛りすること。会場に入れなくてもユニフォームを着て、顔にチームカラーの赤と青のペイントを塗る。それがポールの正装なのだ。

部屋はジャイアンツのグッズであふれて、着るものも全部ジャイアンツのロゴ入り。壁にはクオーターバックのクワントレル・ビショップの巨大なポスターが。黒光りする筋肉美のアメフト選手を惚《ほ》れ惚《ぼ》れと見つめるポール。母親は、うちの息子が結婚しないのはホモだからじゃないかと疑っている。

そんなポールがマンハッタンに行った際、憧れのビショップが高級ストリップクラブに入っていくのを見かける。

どうする？　俺も入るか？　もしかするとサインもらえるかも！　入場料20ドルに加えてバドワイザー1本に10ドルも払って店に入る。中ではゴージャスな美女たちが裸で踊っているのに、ポールの目はビショップだけを見つめ続ける。とうとう彼は勇気を奮《ふる》ってビショップに近づいた。「大ファンです、握手してください！」

ところがビショップはプライベートを邪魔されてご機嫌ななめのうえにコカインをキメていた。思わずカッとなってポールを殴ってしまう。アメフト選手のパンチは強烈で、ポールは瀕死の重傷を負った。

入院したポールに警察官は証言を求め、弁護士であるポールの兄もビショップを訴えようとする。「たんまり賠償金をふんだくってやれ。そしたらおまえも実家から出て、嫁さんだってもらえる」

ところがポールは黙秘を続ける。この事件でビショップが出場停止を食らったために、ジャイアンツが勝てなくなったからだ。ビショップなしでは優勝は無理だろう。……ビショップに俺は半殺しにされた。訴えれば数億円が手に入る。でも、だからといってチームへの忠誠心を捨てていいのか？　俺のチーム愛はその程度だったのか？　ロバート・シーゲルは『レスラー』で、あえて相手の技を受けるプロレスラーと自ら十字架にかけられたキリストを重ねた。ミッキー・ローク演じるランディはカトリックで、背中にキリストの刺青《いれずみ》を彫っている。ポールも同じくカトリックで、自動車のルームミラーに十字架をかけ、ダッシュボードには聖母マリアの像をつけている。彼にとってスポーツは宗教だ。ポールという名前は聖パウロ、ビショップはカトリックの司教を意味している。

神は無慈悲だ。戦争や飢餓や天災で罪なき者が何万人死のうと黙ったまま何もしない。しかし、だからといって信仰を捨てることはできない。信じられないものを信じてはじめて、信者といえるのだ。

ポールはビショップを復帰させる方法を思いつく。俺が狂ったファンだったということになれば、世間はビショップを許すだろう。俺はジャイアンツのために殉教者になるんだ。ポールは宿敵フィラデルフィア・イーグルスのファンが集まるバーに入る。「ジャイアンツはクソ！」とコールするイーグルスファンにポールは拳銃を向け、引き金を引いた。

『ビッグ・ファン』はコメディだから最後に「な〜んだ」と笑ってホッとする。でも信仰やテロリストの心理について考えさせられる。ファンという言葉はもともとFanatic（狂信者）の略だしね。

第5章

アメリカンスポーツの殿堂

Only In America

史上最高齢の現役女子レスラー
ファビュラス・ムーラーはガチでも最強――◆'05年6月

アメリカの女子プロレスの歴史を描いた『リップスティック&ダイナマイト』（'05年）というドキュメンタリー映画を観た。

監督が格闘技に興味がないらしく、フェミニズムの話ばかりで困った。80歳から90歳の元女子レスラーたちが「わたしゃ、ビリーとFUCKしたよ」「わたしもビリーとしたよー」「わたしも〜」と、みんな同じ男にヤラれた話をするのには笑ったが、それ以外は退屈だった。前に読んだ往年の女子プロレスラー、ファビュラス・ムーラーの自伝のほうが百倍面白かったぜ。今回はその話をしよう。

女子レスラーたちをかたっぱしから食った「ビリー」とは、1930年代〜'50年代にかけて女子プロレスラーの9割をマネジメントしていたビリー・ウルフのこと。それまでの女子プロレスは、祭りの余興で村一番の力持ちの男とレスリングをするだけの見世物だったが、ウルフの妻、ミルドレッド・バークが本格的なプロレスを始めるやいなや、彼女は年収3千万円（昭和20年代の金でだよ！）を稼ぐ大スターとなった（ちなみに昭和21年の国家公務員大卒初任給は540円)。

その金でウルフとバークは世界初の女子プロレス団体WWWAを立ち上げた。初代チャンプのバークが男よりも金を稼ぐのを見た田舎町の体格のいい女のコたちは、次々と彼女の控え室に飛び込んだ。結婚して子どもを育て、生まれた町から一生出られない当時の女性と比べるとバークは本当に〝ワンダーウーマン〟だったのだ。

その娘たちを全員、ビリー・ウルフが食っていたわけだ。「レスラーになりたけりゃ言うとおりにしろ」と、彼女たちの処女を奪った後は、各地のプロモーターにも抱かせていた。それにひとりだけNOと言ったのが、リリアン・エリソンこと、後に史上最高齢のレスラーとなる〝ファビュラス・ムーラー〟だ。

ウルフは選手にセックスを強いるくせにギャラの半分をピンハネした。「でも、あいつが何よりも悪かったのは選手をトレーニングしなかったことよ」とムーラーは言う。ミルドレッド・バークも若手にレスリングを教えようとしなかった。ウルフと寝なかったために干されたムーラーは実力で勝負するため、恋人で男子レスラーのジョニー・ロングからバンプ(受け身)やサブミッション(関節技)を教わった。彼女はチェロキー・インディアンの血を引くエキゾチックな容貌で、「奴隷女ムーラー(moolah とは〝銭〟という意味)」というリングネームを自ら名乗り、悪役として人気を集めた。

一方、バークはウルフの女癖にとうとう堪忍袋の緒を切らして別れた。ウルフはすぐに彼女からチャンピオン・ベルトを奪い取った。自分の元愛人ジューン・バイヤーズに「疑惑の判定」で勝たせたのだ。バイヤーズはウルフの寵愛を受けるために彼の息子（バークの前の妻との子）の嫁になった。敗れたバークは日本に渡り、全日本女子の発足に参加した。

新チャンピオンのバイヤーズは、２年後に勝手に引退してしまった。そこでベルトを巡ってバトルロイヤルが開かれ、ムーラーが勝ち残った。それ以来、彼女はなんと'87年まで（断続的に）30年近く王座を守り抜いたのである。

それはまず、ムーラーが後輩にレスリングを教え、家元のように弟子を増やしてビリー・ウルフを圧倒し、女子レスラーのほとんどを配下に治めてしまったからだ（ウルフは養女をレスラーとしてデビューさせたが、彼女は試合中にリング下に落下して死亡した。これが原因でニューヨークを含む７つの州で女子プロレスが禁止された）。

ムーラーが30年間も君臨したもうひとつの理由は、本当にレスリングが強かったからだ。

'84年、ＷＷＦ（後のＷＷＥ）は、女子プロレスを巨大なショービジネスにしようと『ハイスクールはダンステリア』をヒットさせた歌手シンディ・ローパーを巻き込んだ。そしてローパーがマネージする新人レスラー、ウェンディ・リクターを当時60歳のムーラーに挑戦させた。そろそろブーツを脱ぐときだと思ったムーラーは負けてやった。

ムーラーはその後も悪のマネジャーとしてWWFに参加したが、車の移動中、後部座席でウェンディがアイアン・シークといちゃつきながらタバコをふかし始めた。シンディ・ローパーと一緒にプロレス以外のテレビ番組に出るようになったウェンディはすっかり大スター気取りで、タバコ嫌いの家元（ムーラー）への礼儀を忘れてしまったのだ。ムーラーはプロモーターのビンス・マクマホン・ジュニアに「あんな女とは仕事できないわ」と直訴した。するとマクマホンは、こう答えた。

「じゃあ、本当は誰が強いか、リングで教えてやってくれ」

マクマホンもウェンディに怒っていた。彼女はビンスにWWFの大イベント「レッスルマニア」のギャラを5万ドルも要求し、それが断られると、チャンピオンのまま引退したいと言い出したのだ。同じことを要求したブレット・ハートと同じ運命が彼女には待っていた。

レッスルマニアでウェンディの試合相手になったのは、覆面レスラーのスパイダー・レディ。ウェンディはスパイダー・レディの中身はいつものようにペニー・ミッチェルだと思っていた。しかしターンバックルに本気で頭を叩きつけられ、ロープで失神寸前までチョークされてから気づいた。これはシュート（真剣勝負）だ！　それに覆面の中身は家元だ！

60歳のムーラーにボロボロにされる姿をテレビで放送されたウェンディは業界から消

えた。

ムーラーは２００３年、80歳の誕生日まで現役を続け、男子レスラーのフライングボディプレスさえ受けてみせた。現在は孫や曾孫に囲まれ静かに暮らしているが、今もバンプの練習を怠らないそうだ。

追記◆ムーラーは'07年、心臓発作で亡くなった。

「ぶっつけないレースなんて女々しいぜ！」

車のプロレス、デモリッションダービー――◆'05年12月

アメリカではポピュラーなのに日本では絶対に観られないスポーツ、それがデモリッションダービーだ。

デモリッションダービーは、夏から秋にかけて全米の各郡（カウンティ）で開かれる「カウンティフェア」の主役だ。カウンティフェアはもともと農産物の品評会なので、野菜の直売や、子どもをポニーに乗せたりするのんびりしたお祭りだが、夜になるとメイン会場にはクイーンの『ウィ・ウィル・ロック・ユー』が轟音で響き、スタンドのベンチに座る客が曲に合わせて足を踏み鳴らす。デモリッションダービーの始まりだ。

普段はロデオなんかをやっているフィールドに、爆音を立てて20台ほどの自動車が入場する。どれも1970年代製の巨大なアメ車で、ボディはボコボコに凹んでいる。窓ガラスの代わりに金網が入っている。

「5、4、3、2、1、スタート！」

観客全員のカウントダウンで、出場車は一斉に後輪から白煙を噴き上げてダッシュし、

他の自動車にクラッシュする！　10以上の衝突音がほとんど同時に起こるので、大地が揺らぐほどの衝撃だ。

ガンガンぶつけて互いの車を壊しあって最後まで動いていた1台が勝ち。逃げ回ってばかりだと反則になる。20秒に一度はクラッシュしないといけない。自分のエンジンにダメージを与えないようにみんなバックでぶつける。正面衝突は危険なので禁じられている。運転席側のドアにぶつけるのも禁止。とはいえ、動いている自動車をバックで狙うので運転席にぶつかってしまうことも多い。そうすると『わざとやりやがったな、てめえ！』と試合の後に殴りあいになる。

デモリッションダービーは'30年代の大恐慌時代に庶民の憂さ晴らしとして始まったという。'46年にはカリフォルニア州ガーデナのキャロル・スピードウェイで賞金を争う競技となり、'72年にはLAコロシアムでマリオ・アンドレッティなど世界的レーサーを集めた大々的なイベントもあった。現在は全米各地のダービーがDENT（デモリッションダービー・イベント全米ツアー）に統括され、全米選手権もある。全米では小さなものまで含めて毎年2千ものデモリッションダービーが行なわれているという。

スタートから数分たつとラジエーターが壊れ、車のエンジンから煙がもうもうと噴き上がる。タイヤを裂かれた車がホイールだけで火花を上げて走り続ける。実は観ているほうもけっこうつらい。まず、すさまじく臭い。どの車も一番壊れやすいマフラーや触媒は外してあるから生の排気ガスが吐き出される。さらにオーバーヒートでオイルが焦げる臭い、タイヤが燃える臭いでむせかえるほどだ。もちろんマフラーがないから鼓膜が破けるほどやかましい。

なぜ、'70年代のアメ車ばかりかというと、まず何よりも頑丈だから。最近の自動車は軽合金を多用しているし、「クランプルゾーン」という構造上の弱点がある。衝突時にはここが歪むことで衝撃を吸収して乗客に伝わる衝撃を軽減する。しかし、'60年代のアメ車の一部はシングルソリッドスティールの閉じたOフレームを使っているので壊れない。だからOフレーム車を禁止しているレースもある。

また、今の車はどれもフューエルインジェクション（燃料噴射）方式だがコンピューター制御なので衝撃に弱い。「単純なキャブレターの車はだんだん見つからなくなっている」。デモリッションレーサーのエルウッド・ソニー・ホールは嘆く。レーサーたちは廃車置場やガレージで錆びついているキャデラックやオールズモビルを掘り出してレストアしてレースに出場し、壊れるとまた修理してレースに出る。

デモリッションダービー専門のチューナー、デルバート〝ラディ〟ルドルフは言う。

「真剣な〝デモ〟レーサーは全米に15人くらいだろ。他は趣味でやってるんだよ」

なぜなら金にならないからだ。レーサーはまず出場料の約30ドルを納めなければならない。優勝しても賞金はせいぜい１５００ドル。ＤＥＮＴでは1万ドル以上出すそうだが、車の修理代や会場まで運ぶ金を考えるととても足りない。

「ストックカーレースのほうが金になるけど、観客が本当にレースに求めるのはクラッシュだろ？　でも、レースではぶつからないように走らないと勝てない。俺は客が求めるものを見せてやるんだ」と胸を張るのは、'90年代に東部のデモリッションダービーで優勝し続けた「スピードー」ことエド・ジャガー。彼の生活を追ったドキュメンタリー映画『スピード』（'03年）によれば、当時41歳の彼はガソリンスタンドで働きながら財産のすべてをレースに注ぎ込み、貧乏暮らしで女房から逃げられた。手元に残ったのはトロフィーだけだった。

「これで金を儲けてるやつはいないけど、やめられないんだ」

10年間に50回以上のデモリッションダービーに出場してきたニューヨーク州のマイク・デニーオは笑う。

「公道でもサーキットでも他の車にぶつけちゃいけないと言われてきただろう。ここでは逆にぶつければぶつけるほど喜ばれる。法律で許された最高の快楽だよ」

たしかに車がクラッシュするたびに客は大喜び。よれよれのジイさんまでが子どもみたいにはしゃいでいる。

車は次々と往生し、ついには最後に残った2台の決闘になる。逃げも隠れもせずにガツンガツンとぶつかりあう様は、繁殖期に牝《めす》を取りあい頭をぶつけあって決闘する牡鹿やバッファローのようだ。デモリッションダービーほど男という生き物のバカさをむき出しにしたスポーツは他にないかもしれない。スピードーはストックカーレースが嫌いな理由を次のように言っていた。

「ぶつかるのを避けて走って逃げるなんて女の腐ったみたいなマネができるか！」

地獄の聖母がスケートはいてやって来る！

女のコたちがローラーダービーを再生――◆'06年4月

２００６年３月15日、サンフランシスコ空港に近い街サン・ブルーノのスーパーでレジを打っていたアン・カルベロという76歳のおばあさんが亡くなった。彼女は'70年代に全米を熱狂させたローラーダービーの悪役だった。

ローラーダービーは日本では「日米対抗ローラーゲーム」と呼ばれ、東京12チャンネル（現テレビ東京）で放送されていた（司会は土居まさる）。ローラースケートにアメリカンフットボールの要素を足したようなゲームで、男女各５人のプレイヤーが楕円形のトラックを回り、ジャマー（得点者）が敵チームを追い抜いたら得点。防御側はひじなどでブロックし、攻撃側がジャマーを守って敵を蹴散らす。ジャマーはどのチームも女性がやることが多く、我らが東京ボンバーズのジャマーは長い黒髪が自慢の佐々木陽子。パンチや髪の毛を引っ張るのは反則だが、実はそれこそが見せ場。女同士のつかみあいに観客が熱狂する、要するに女子プロレスみたいな見世物で、試合は完全にFixed（シナリオどおり）だった。

ローラーダービーの歴史は古く、70年前にさかのぼる。当時は大恐慌で全米に失業者があふれていた。そこで「マラソンダンス」という競技が流行した。何組もの男女が激しいチャールストンダンスを踊り続け、最後に残ったカップルが賞金を手にする競技で、仕事のない人々はヤケクソでこの命がけの賭けに参加した。1935年、シカゴの興行師レオ・セルツァーは、当時流行していたもうひとつの娯楽、ローラースケートをマラソンダンスと組み合わせた競技を始めた。参加したカップルはローラースケートをはいてトラックを5万7千周、4千マイルも滑り続けた。最初のローラーマラソンは2万人の観客を集め、セルツァーは全米各地を巡回して競技を続けた。

それがフルコンタクトの格闘技（?）になったのは、'38年、ローラーマラソンの参加者同士がもつれあって転んだのがきっかけだ。どよめく観客たちを見たひとりのスポーツ記者がセルツァーに「ぶつかったほうが客が喜びますよ」と助言した。セルツァーは数時間のうちにルールを作り、その日の晩に最初のローラーダービーの興行を開いた。

'50年代には全米各地にローラーダービーのチームができたが、プロレスと同じく地元のチームが必ず勝つようにできていて、ベビーフェイス（善玉）とヒール（悪玉）の演じ分けも明確だった。そして、東京ボンバーズがその名をいただいたサンフランシスコのベイシティ・ボンバーズの悪玉として20年以上君臨したのが、カルベロおばさんだ。

カルベロはパンク出現の10年も前から紫に染めた髪の毛を逆立て、ピアスやタトゥーをして世間を驚かせた。強面《こわもて》のカルベロは美人プレイヤーの胸を「チケット」と呼んだ。つまり客が入場料を払うのはピチピチのユニフォームの女性たちの胸や尻が見たいだけだというのだ。そういう見た目だけの美女たちをカルベロは徹底的にいたぶってブーイングを浴びた。客はカルベロを「バナナノーズ」と呼んだ。彼女が善玉に逆襲されて鼻をへし折られるのが見せ場だったからだ。

’60年代終わり、ローラーダービーはテレビで放送され、人人気になった。’72年にはセクシー女優ラクウェル・ウェルチがジャマーを演じるハリウッド映画『カンサスシティの爆弾娘』も作られた（ちなみに子役でジョディ・フォスターが出演している）。

しかし’73年に突然、テレビ放送は終わってしまった。一説によると、調査会社が視聴者の収入を調べたら最下層の人ばかりだったので「ＣＭを打っても売り上げに結びつかない」と、スポンサーが離れたという。

その後、ずっとローラーダービーは忘れられていた。ところが21世紀になって、ローラーダービーはテキサスで再生した。今度は男女混合ではなく女性ばかり、全員ブームが去ってから生まれた世代だ。コスチュームはミニスカートやホットパンツ、レザーや網タイツで胸も脚も尻まで見えて露骨にエロい。けれど、男にやらされているわけでも、金のためでもない。彼女たちは自分たちでチームを結成し、お金を出しあって自主興行を始めたのだ。

「スカッとするわ！　これって最高のセラピーよ！」

ヘル・マリーズ（地獄のマリアたち）というチームでエロ聖母の衣装を着て暴れる「ミスティ・ミーナー」は言う。彼女の本職はマッサージセラピスト。彼女たちはみんな昼間は助産師や特別支援学校の教師などとして働きつつ、夜になると「パンク・ブルーザー」や「ジェナシド」といった恐ろしげなリングネームを名乗り、乳や尻をふりながら、口笛を吹く観客に中指を突き立て、「このスケベ野郎ども！」と悪態をつき、女同士で思いきりドツキあう。まったく違う自分になって、やりたいことは何でもできるのだ。

テキサスでは、カトリックの女子高生の制服（キルトのミニスカ）を着たホーリー・ローラーズ、カウボーイの扮装をしたラインストーン・カウガールズなどのチームが結成され、リーグが生まれた。全盛期のそれと違ってゲームは真剣勝負なので骨折は日常茶飯事。客へのサービスとして乱闘をエロく演じるのも忘れない。

テキサスのローラーガールズの噂を聞いて、全国各地で女性たちがチームを結成し始めた。その衣装を見るだけでわくわくする。フィルシー・ビッチズ（下品な売女）、ベビーメタル・フッカーズ（売春婦）、フュリアス・タンクトップ・ウエイトレセズ（怒れるタンクトップのウエイトレス）のほかにオタクのメガネっ娘《こ》チーム、精神病院の殺人看護師チームなどなど。

現在、リーグ数は30を超え、全米大会も開かれている。優勝カップの名前はもちろん「カルベロ杯」だ。

聖火台でバーベキュー！

ビンボー白人運動会に爆笑――◆'07年11月

俺たち南部人は訛《なま》りがひどい
大酒飲みで　デカい声で笑う
いちおう大学はあるけど
バカが入ってバカのまま出てくる
ワニ革のブーツはいて
アトランタでナンパする
今も「ニガー」どもを踏みにじってるぜ
俺たちゃレッドネック、レッドネック
地面の穴と自分の尻の区別がつかない

ランディ・ニューマン『レッドネック』（著者訳）

レッドネックとは、アメリカ南部の貧しい白人のこと。野良仕事や道路工事で首の後ろが赤く日焼けしているからそう呼ばれる。

テレビのコントやマンガなどに登場するレッドネックは、トラッカーと呼ばれる後ろがメッシュになった野球帽をかぶり、肩口で袖を切ってノースリーブにしたネルシャツを着て、ヘアスタイルは〝マレット〟という耳の周りだけ短くした長髪（昔、佐々木健介がしてたやつ）になっている。ジーパンはいつもサイズが合わなくて、しゃがむと尻の割れ目がむき出しになる。靴はもちろんウエスタンブーツ。聴く音楽もカントリー＆ウエスタン（アメリカの演歌）だけ。乗ってるトラックは錆だらけのシボレーかダッジ。でも大事なハーレーだけはピカピカ。どっちにしろ死んでも日本車には乗らない。住む家はトレイラーハウス……。

レッドネックは日本語なら「カッペ」とか「田吾作」という意味あいの蔑称だから、南部に旅行してこの説明どおりの人を見かけても「レッドネックですね！」なんて言わないように。ショットガンでハチの巣にされるよ。

でも、黒人がとんでもない蔑称である「ニガー」を自分たちだけでは使うように、南部の白人自身がレッドネックと呼ぶのはＯＫで、「レッドネックで何が悪い」とか「私はレッドネックの女」なんてカントリーソングがヒットした。「俺たちは北部のヘナチョコ、インテリとは違うんだ」という誇りがあるのだ。

レッドネックの、レッドネックによる、レッドネックのためのオリンピックなんてものまである。オリンピックという言葉は商標登録されているので使えないから「レッドネックゲームズ」と呼んでいるが。毎年、ジョージア州イースト・ダブリンという田舎町の牧場で開かれるスポーツ大会だ。始まったのはアトランタオリンピックのあった1996年だから、もう10年以上になる。

きっかけは、マスコミに「ジョージアのレッドネックどもにオリンピックなんてもったいない」と叩かれたこと。「なら本当にレッドネックのオリンピックを見せてやる！」と有志が集まって始めたが、今では毎年、2万人も集める大イベントになっている。

オリンピックと同じくレッドネックゲームズにもマスコットがいる。こっちは動物ではなく、〝エルボー〟という名のアスファルト工のオッサンだ。シミだらけのTシャツにボロボロのオーバーオール、ヒゲ面の口には前歯が1本もない。エルボーという名の由来は「俺はあまりにブサイクなんで『お前の顔は、ひじだかケツの穴だかわからねえ』って言われたんだ。『ケツの穴』って名前はあんまりだから、エルボー（ひじ）にしたんだ」。

エルボーは聖火ランナーでもある。聖火台はバーベキュー台だ。競技の期間中、ここで大量のスペアリブやソーセージが焼かれる。

さて、肝心の競技の内容は……。
★円盤投げ～ただし投げる円盤はオンボロ自動車のホイールキャップ。昔からあるアメリカの田舎の遊びだ。
★便座投げ～アメリカの田舎では地面に打ち込んだ杭めがけて蹄鉄を投げて、うまくからんだら勝ちという遊びがあるが、大きいものが好きなレッドネックは代わりに便座を投げる。
★豚足食い競争～水に浮かべた豚足を手を使わずに口でくわえて取る。
★ゴミ・ダイビング～ゴミを満載した集積コンテナに飛び込んでの宝探し。レッドネックはゴミを見ると「何かいいものが交じってないか」と漁《あさ》るクセがあるといわれてるから。
★バド缶潰し～一定時間内にバドワイザーの缶をおでこに押しつけて縦にペチャンコに潰す数を競う。
★わきの下のど自慢～肉とビールででっぷり太ったわきの下を「ぷぎゅっ！　ぷぎゅっ！」と鳴らして曲を奏でる。
それにセクシーなネエちゃんをびしょびしょに濡らす「濡れたTシャツコンテスト」などなど……。

トロフィーは溶接したバドワイザーの缶だ。最後は全員で泥ダイビング。老若男女が泥のプールに飛び込んで大はしゃぎ。
レッドネックゲームズはオンラインゲームになるほど大人気だが、南部では「これじゃ野蛮みたいじゃないか。恥さらしだ」と怒っている人も少なくない。南部は人種差別で悪名高いけど、レッドネックゲームズで泥んこ遊びをして喜んでるのを見ると、素朴でいい人たちに思えるけどね。

アメフトのヘルメットは丸くなかった

革帽子から始まるヘルメットの歴史――◆'07年12月

ジョージ・クルーニーが監督&主演で、1920年代が舞台のアメフト映画を作った。タイトルは『レザーヘッズ』（邦題『かけひきは、恋のはじまり』／'08年）。というのも当時はまだプラスチックのヘルメットが存在せず、革製《レザー》のヘッドギアをつけていたからだ。今回はアメフトのヘルメットの歴史について調べてみた。

ラグビーから生まれたアメフトは1860年代にルールが確立されたが、それから30年もの間、選手たちはラグビー同様、頭に何もつけないでプレイしていた。案の定、脳に障害を受ける事故が多発し、'60年代の10年間でアメフトによる死者は18人に達したという。

'93年、アメリカ海軍対陸軍の試合前に、何度も脳震とうを経験した海軍選手のひとりが「今度大きなショックを受けたら、運がよくても一生、車椅子だ」と医者から警告された。それでも彼は試合に出たくて、馬具職人に依頼し、革にパッドを入れたヘッドギアを作ってもらった。これがアメフト用ヘルメットの始まりだ。

ヘッドギアは改造が重ねられ、耳がちぎれたり潰れるのを防ぐために、ビーグル犬の耳のようなイヤープロテクターもつけられた。ところがヘッドギアをつけたがらない選手も多かった。ケガを怖がるのは男らしくないと思ったからかもしれない。大学の試合でヘッドギアが義務づけられたのは1939年、プロでは第二次世界大戦中の'43年で、発明から50年もかかっている。

プラスチックのヘルメットは'39年にリデル社が開発した。今のように真ん丸の形状ではなく、頭のてっぺんが平らなものだった。プラスチックもまだ材質が悪く、試合中によく割れていた。インナーも昔の兵隊のヘルメットのように布製だったが、後にウレタンに変化する。'70年代には空気を吹き込むクッションが作られ、水を入れるタイプもあった。グリーンベイ・パッカーズはウィスコンシンの凍える寒さに備えて、水の代わりに自動車用の不凍液を入れたという。

アメフトのヘルメットが現在の形になってから約40年になるが、進化は今も続いている。

2002年、老舗メーカーのリデル社が革新的ヘルメット、その名も「レボルーション」を発売した。アメフトでの脳震とうの患者数は年間10万人といわれている。その多くは10代の子どもたちで、一生消えない障害になることも多い。リデル社の調査によれば、脳震とうの7割が正面からの衝撃ではなく、頭の横やあごへのヒットが原因だった。

ボクシングと同じで、あごなどを打たれて頭が横にシェイクされることで、脳が揺さぶられて障害となるわけだ。そこでレボルーションヘルメットはあごの部分までをカバーし、さらに横からの衝撃を緩衝するためにヘルメットの横を拡大して完全な球体に近いフォルムとなった。これが今のＮＦＬの公式ヘルメットに採用されている。

するとライバルのシャット社は'03年、最新型ヘルメット「ＤＮＡ」を売り出した。これは各選手のＤＮＡを解析して個人に合わせた安全策をとるハイテクマシン……だとすごいなぁと思ったが、ＤＮＡって名前はハッタリで、インナーにパラシュート兵のヘルメット用に開発された素材、スカイデックスパッドを使ったものだ。ふたつの半球を組み合わせた緩衝体を並べて衝撃を吸収、拡散する構造のＤＮＡヘルメットはヘッドギアが生まれた伝統のアメリカ海軍対陸軍の試合でお披露目された。

追撃された老舗リデル社は、すかさずマイクロチップを無数に埋め込んだヘルメットを発表した。選手の代わりに一瞬で次の動きを計算してくれる……とすごいなぁと思ったが、これは実戦用ではなかった。埋め込まれたのは任天堂のWiiのコントローラーに使われているチップと同じで、運動状態を感知する。リデル社は選手にこれをつけさせて頭に加わる衝撃を緻密にモニターし、新ヘルメット開発のデータにするそうだ。

さて、未来のヘルメットはどうなるのだろう。専門家は、横方向の衝撃対策にはヘルメットとショルダーのプロテクターを一体化させるのが一番だと言っている。そうすると選手が後ろを振り向けないので、レシーバーは後方監視用モニターをつけないと。ついでだから、後ろからぶつかってくる敵を感知するレーダーもつけて、落ちてくるボールをトラッキング（行動追跡）するシステムもつけて、もしものためにエアバッグもつけて……。いや、アメリカ人ってそこまでやりかねないよ。

ダンクシュートは反則だった？

まぼろしのプロバスケ・リーグ――◆'08年3月

チンコつかんでリフトアップ！　シックスナインに松葉崩し！　男同士のペア・フィギュアスケートで日米の観客を笑死させた『俺たちフィギュアスケーター』（'07年）のウィル・フェレル。彼のスポーツバカコメディの最新作は『セミプロ』（邦題『俺たちダンクシューター』／'08年）。バスケットボールがネタだ。

時は1976年。黒人も白人も巨大なアフロヘアと股間パッツンパッツンのパンタロンでファンキーにキメていたディスコ全盛期。当時のプロバスケットボールは、NBAとABA（アメリカン・バスケットボール・アソシエーション）の2リーグに分かれていた。

主人公はABAのフリント・トロピックスのオーナー兼プレイヤーのジャッキー・ムーン（ウィル・フェレル）。ムーンは白人ソウルシンガーとして『ラブ・ミー・セクシー』を大ヒットさせ、その金でこのチームを買ったのだ。しかし、彼はゾーンディフェンスも知らないバスケの素人だった。トロピックスはリーグ最下位で、客席はガラガラ――。

ＡＢＡの財政も火の車で、ついにＮＢＡへ吸収合併されることになった。しかし、ＮＢＡが引き受けるのは人気のある4チームのみ。トロピックスは、生き残るために奮起する。

ところが観客動員を増やすためにジャッキー・ムーンがやったのは、アホなイベントばかり。ビキニの美女軍団〝ボールガールズ〟たちを試合中に踊らせ、ハーフタイムでは選手自らカブリモノを着てミュージカルを披露。ついには、オーナー自らがヒグマと異種格闘技戦！「バッカで〜」「ありえな〜い」と若い観客は笑っていたが、古参のバスケファンたちは「『セミプロ』なんて題名は冒瀆だ！」と怒っている。ＡＢＡは立派なプロフェッショナルリーグだったからだ。

ＡＢＡは'67年から'76年の9年間実在した。トレードマークは赤・青・白の星条旗の色に塗り分けられた公式ボール。歌手でオーナーで選手というジャッキー・ムーンのトンデモない設定も事実に基づいている。『砂に書いたラブレター』の歌手パット・ブーンが、ウチの地元オークランド・オークスのオーナーだったのだ。

ナルシストのジャッキー・ムーンは股間をバスケットボールで隠しただけのヌードピンナップを売り出すが、これもウェンデル・ラドナー、またの名をミスター・エキサイトメントという実在のＡＢＡ選手がやったこと。彼はこの写真にサインして女性ファンに配っていた。モジャモジャの胸毛がセクシーと思われていた時代のことだ。ただ、ラドナーはショーツまでは脱がなかったが……。

ダメダメのフリント・トロピックスでひとり頑張るのは〝ブラックコーヒー〟と呼ばれる黒人選手クラレンス。彼はボールを持ったままジャンプして宙を歩き、上からゴールに叩き込む。観客総立ち！……じゃない。口を開けてポカン。レフェリーは「ファウル！」と叫んで得点を取り消す。ダンクシュートなんて誰も見たことがなかったからだ。

これも誇張はあるが事実。ダンクシュートそのものは昔から存在したが、相手チームを侮辱する行為とされ、NCAAでは反則、NBAでも使う者はいなかった。それをプロのテクニックとして完成させたのがABAのジュリアス・アービングだった。冷徹なボールさばきで〝ドクターJ〟と呼ばれた特大アフロヘアのアービングは、身体を一回転させる「360ダンク」、ボールを後頭部から振り下ろす「トマホーク」、腕をぐるぐる回る風車のように回転させる「ウィンドミル」などで観客を魅了した。

ダンクはABAの象徴となった。'76年、NCAAでもやっとダンクが許可されると、それを記念してABAのオールスター戦でダンクコンテストが行なわれた。優勝はもちろんドクターJ。この大会はNBAに引き継がれ、オールスター戦のハイライトになっている。3ポイントシュートもABAで最初に採用されたルール。ABAは今もバスケットボールの中に生きている。

ちなみに当時のもので完全に絶滅したのは、股間に食い込むほど短いショーツ。現在のひざまで届く長いショーツは、'80年代にマイケル・ジョーダンが開発したそうだ。オッサンの太ももやハミ尻を見なくてすむようになったのはジョーダンのおかげだね！

ロバート・シーゲルは監督第1作『ビッグ・ファン』で、自らの生活を犠牲にしてでもNFLの地元チームを愛するファンを描いた。

“ファビュラス・ムーラー”と呼ばれたリリアン・エリソンは80歳の誕生日まで現役を続けた。

『俺たちダンクシューター』でABAの最下位チームのオーナーは、チーム存続のためにあの手この手を尽くすが……

第6章
多民族国家のバトルロイヤル
Racism In Sports

インディアンは「アワワワワ」なんて言わない
チームのマスコットにはなぜ先住民が多いのか――◆'05年9月

2005年8月初め、NCAA（全米大学体育協会）が、アメリカ先住民（かつてインディアンと呼ばれていた）のイメージをフットボールのチーム名に使っている18の大学に対して「公式戦ではチーム名およびマスコットを使わないように」と通達した。

これらの大学の試合ではハーフタイムになると「インディアン」に扮した学生が登場し、彼の雄叫びに合わせて観客がトマホークを振って応援する。NCAAは「これは先住民に対する偏見に満ちたステレオタイプであり、民族蔑視である」とした。

この通達に対して、「セミノールズ」という先住民の部族名をチーム名にするフロリダ州立大学（FSU）が猛反発、州知事ジェブ・ブッシュまでが不快感を表明する事態となり、NCAAはついにセミノールズを使用禁止リストから外した。

FSUのウェザレル総長は「セミノールズだけは他の17の大学とは違う」と言う。他大学のチーム名は「ブレーブス（インディアンの戦士）」が3校、「レッドメン（赤銅色の肌を蔑《さげす》んだ呼び名）」が1校、「サベージズ（野蛮人！）」が1校、そして「インディアンズ」が7校だった。「インディアン」は白人がアメリカをインドと間違えた呼び名だし、そもそも先住民はひとつの名前でひとくくりにできない。たとえばフロリダのセミノール族とダコタのスー族は肉体的にも文化的にも、それこそイタリア人とスウェーデン人以上に違う。しかし、これらの大学のマスコットは、口に手をあてて「アワワワワ」と叫ぶ、西部劇で作られた部族不明の「インディアン」だった。

一方、FSUはセミノール族の歴史上の英雄アシオーラをマスコットにしている。その衣装もセミノール族に作ってもらった本物だ。ウェザレル総長は「FSUとセミノール族の友好関係には歴史がある」と胸を張る。昔はFSUも「フラブル酋長」という架空のいんちきインディアンをマスコットにしていた。しかし、少数民族の権利運動が高まった1969年、先住民を妻にもつ教授がセミノール族と協議した結果、'78年に実在の人物であるアシオーラが新たにマスコットに制定された。

「それでもFSUのアシオーラは間違いだらけです」。フロリダA&M大学で歴史を教えるキャンター・ブラウン・ジュニア教授は指摘する。応援合戦でのアシオーラは顔にウォーペイントを塗り、馬に乗って現われるが、「セミノール族は顔にペイントしないし、沼地に住んでいるから馬にも乗らない」と教授は笑う。だが、アシオーラを白人学生が演じるのは半分OKと言う。「アシオーラの父はイギリス人の交易商でしたから」

「多少の考証ミスには目をつぶりますよ」。フロリダ・セミノール族の法律顧問ジム・

ショアは言う。同族の協力に感謝して、FSUはセミノール族の奨学生制度を設け、既に13人が入学している。

しかし、オクラホマ・セミノールはFSUに抗議した。実はフロリダのセミノール族はわずか3千人にすぎない。その何倍もの数がオクラホマ州に住んでいるのだ。

1810年代から、ミシシッピ川の東部の先住民はアメリカ政府によってアーカンソーとオクラホマに強制移住させられた。銃を突きつけられて2千キロ以上の道のりを歩かされ、旅の途中で3割以上が死んでいった。やっとオクラホマに着いても、何百年も沼地で魚を捕って暮らしていた彼らにとって、川も木もない西部の荒野で暮らすのは死ぬより過酷なことだった。'35年、ついにセミノール族は抵抗の狼煙《のろし》を上げた。なかでもアシオーラはわずか250人の兵で3倍の米兵を撃退する戦上手だった。困った米軍はニセの和平を申し出てアシオーラを誘い出して捕らえた。獄中で彼はすぐ病死し、その首は切られ、さらしものになった。

大学だけではない。先住民にちなむ名前をもつプロチームも改名を求められてきた。メジャー・リーグのクリーブランド・インディアンズは、「このチーム名は差別ではない」と弁明する。ルイス・フランシス・ソカレキスというペノブスコット族の選手にちなんで付けられた名だからだ。ソカレキスは'97年、クリーブランド・スパイダーズ（当時）に入団するや最初の60試合でいきなり打率3割3分8厘、16盗塁という記録を叩き出したが、酔って売春宿の窓から飛び降り、足首を負傷して引退した悲劇の選手だった。

NFLのワシントン・レッドスキンズは、1930年代に同チームの名物コーチだった〝ローン・スター〟ディーツがスー族だったことにちなんで名づけられたが、最近、ディーツの出自は彼のホラだったという研究が発表され、先住民団体がチーム名変更の訴訟を起こしている。しかし、ディーツは自分を強く見せようとして「インディアン」だと偽ったのだろう。その心理はスポーツチームがたくましい「インディアン」のイメージを求めるのと同じだ。

「先住民にちなんだチーム名は誇りか屈辱か？」

'02年に「スポーツ・イラストレイテッド」誌が行なった調査では、居留地の外に住む先住民の81％、居留地の中でも53％が「屈辱ではない」と答えたという。しかし、翌年、先住民向け新聞「インディアン・カントリー・トゥデイ」紙は独自の調査を行ない、81％の先住民が「侮辱に感じる」と逆の結果を発表した。

'04年、FSUの奨学生になったセミノール族のクリスティーン・マッコールは「わからないわ」と言う。「彼らは本当に私たちを尊敬しているの？　それとも他のチームのマスコットと同じ動物扱いなの？」

知的障害者になりすまし、ってヤバくない？

スペシャル・オリンピックスが認めたコメディ──◆'06年1月

健常者が「知的障害者」になりすまして、知的発達障害者のための〝スペシャル・オリンピックス〟に出場して勝とうとする。スポーツ賭博で大儲けするために──。

あらすじを聞いただけで、日本公開は難しそうな映画『リンガー！　替え玉★選手権』（'05年）を観た。リンガーとは、替え玉受験などをする偽者のこと。

主演は『ジャッカス』というテレビ番組で命がけのスタントを見せて人気者になったコメディ俳優ジョニー・ノックスビル。全身に生肉を巻きつけて焚き火の上に寝てバーベキューを作ったり、ゲロの鉄板焼きを食ったりした大バカ役者だ。この映画で彼は『フォレスト・ガンプ　一期一会』（'94年）のトム・ハンクスや『アイ・アム・サム』（'01年）のショーン・ペン、『ギルバート・グレイプ』（'93年）のレオナルド・ディカプリオら名優たちの知的障害演技を研究して、ヨダレを垂らしながらＩＱ70の人物を演じている。

スペシャル・オリンピックス（以下ＳＯ）は、'62年、故ケネディ大統領の妹ユニス・

シュライバーが障害者たちに自宅の庭を開放したのが始まりで、現在（'06年度）は世界180カ国以上・約250万人の知的障害者たちが、70万人のボランティアの力を借りて、陸上や球技、水泳やスキーなどを競っている。スペシャル・オリンピック〝ス〟と複数形なのは、4年に1回の世界大会だけでなく、各地域での競技から日常的なトレーニングまでを包括する活動だから。日本では、冬季SOを障害者自ら記録した映画『ビリーブ』（'05年）も作られた。

SOの現在の会長はユニス・シュライバーの息子、ティモシー（アーノルド・シュワルツェネッガーの奥さんの弟）だが、彼は当然、この『リンガー！』には怒っただろう……と思ったら、その逆だった。SOは映画の撮影に全面的に協力するだけじゃなくて、150人の選手がエキストラで参加しているのだ。

「この映画は知的障害者の可能性を示しているからね」とティモシーは言う。

「スポーツも演技もできるんだって」

この映画のプロデューサーは、キャメロン・ディアスがザーメンで髪の毛を立てた鬼畜コメディ『メリーに首ったけ』（'98年）の監督として有名なファレリー兄弟。彼らはコメディでさんざん障害者をギャグのネタにしてきた。『メリーに首ったけ』のキャメロン・ディアスの弟も知的障害者だし、『キングピン／ストライクへの道』（'96年）の主人公ウディ・ハレルソンは右手首を失ったプロボウラーだった。『ふたりの男とひとりの女』（'00年）のジム・キャリーは二重人格で、『愛しのローズマリー』（'01年）のヒロイン、グウィネス・パルトローは異常な肥満、『ふたりにクギづけ』（'03年）のマット・デイモンは腰のところで兄とつながった結合双生児だ。

「僕は障害をもつ人を映画に出さずにいられないんだ」

ピーター・ファレリーがそう語るように、彼らの映画には〝本当の〟障害者もよく出演する。たとえば『キングピン／ストライクへの道』に出演したダニー・マーフィーは四肢麻痺だ。そのダニー、実はファレリー兄弟の幼なじみなのである。

高校生だったピーター・ファレリーは、近所の友人ダニーと海に飛び込んで遊んでいた。ダニーが飛び込んだ着水地点は、たまたま水深が浅く、ダニーは首を骨折。以来、ダニーは車椅子生活となった。

それから20年後、ファレリー兄弟が『ジム・キャリーはMr.ダマー』（'95年）で映画監督としてデビューしたとき、ダニーをプレミア試写に招待した。すると映画を観たダニーがピーター・ファレリーに「なぜ、車椅子の人間がひとりも画面に映らないの？　実際はそこらじゅうにいるのに」と問いかけた。自分の無意識に潜む差別を指摘されたピーター・ファレリーは大変なショックを受けた。

「僕に尋ねられたときのピーターの顔が忘れられない。自分の親が死んだと知らされたような顔をしてたよ」

と、ダニーは回想する。

その後ファレリー兄弟は、ダニーに『キングピン／ストライクへの道』に出演させ、主人公の手首を粉砕する凶悪なヤクザの役を演じさせて「清く正しく弱い」という障害者のステレオタイプを粉砕してみせた。今回の『リンガー！』でも、主人公がニセの障害者だと見破るダウン症の少年、エドワード・バーバネルに「ダウン症＝無垢」というイメージに反したシニカルな演技をさせて、毒舌と皮肉で笑わせている。

「障害をもった人たちで笑わせるのは、彼らをバカにしてるんじゃない」と、ピーター・ファレリーは言う。

「観客が彼らに笑わされることで、障害のある人を見たときの重い気持ちが少しでも軽くなって、彼らを身近に感じてほしいんだ」

『リンガー！』は主題歌も「キッズ・オブ・ウィドニー・ハイ」という知的障害の高校生たちのバンドの演奏だ。曲はアレサ・フランクリンで知られる『リスペクト』。

私が求めているのは
ほんのちょっとの敬意
ほんのちょっとでいいの
R－E－S－P－E－C－T

それが私にとってどれだけ大事か
わかってほしいのよ
（歌詞／著者訳）

スーパーボウルMVPのカルビ・パワー

米韓混血H・ウォードは母子鷹——◆'06年7月

2006年5月31日、NFLピッツバーグ・スティーラーズのハインズ・ウォードが、2カ月間の韓国旅行から帰ってきた。1976年にソウルで生まれてから30年ぶりの母国訪問だった。

ハインズ・ウォードは'98年にスティーラーズに入ってからWRとして574キャッチと53タッチダウンというチーム記録を打ち立て、'06年のスーパーボウルでは5つのロングパスをキャッチしてスティーラーズに26年ぶりの優勝をもたらした。アジア系初のスーパーボウルMVPに輝いたハインズは、ブッシュ大統領から直々に祝福され、韓国でも盧武鉉《ノムヒョン》大統領に歓待され、ソウルの名誉市民の称号を授けられ、米韓両国の英雄になった。

「僕は、ずっと除《の》け者だったのにね」

ハインズはアフリカ系の駐韓米兵（当時20歳）と、ソウルのナイトクラブのレジ係だった母（当時25歳）との間に生まれた。ふたりは結婚して夫の故郷ジョージア州に住んだが、彼はすぐにドイツに転勤した。英語のまったくできない妻と生まれたばかりの息子をジョージアに残して。当然、ふたりは離婚した。母は息子を引き取ろうとしたが、まったく生活能力がないため裁判所は許可しなかった。ハインズは父とその再婚相手の家でアフリカ系として育てられた。しかし母は息子をあきらめなかった。

「黒人の子どもを産んだ私は韓国の実家に勘当されました。帰る場所はありません」

英語もできず、頼る者もいない異国の地で母は息子を取り返すため、夜中の2時まで飛行機の機内食のパック作業をして、早朝4時からコンビニのレジに立った。文字どおり寝ないで働いて生活の基盤を築いた母は、7年後に息子を取り返し、ふたりで暮らし始めた。

しかし、8歳まで黒人として育ったハインズにとって母はまったくの異人だった。

「韓国のものは何もかも異様だった。室内で靴を脱ぐ慣習も、キムチも。僕は母の作る料理を一緒に食べなかった」

ふたりの暮らすアパートは水道や電気をよく止められた。母が請求書を読めなかったからだ。

育ったのはジョージアの黒人地区で、近所の子どもはハインズを見ると指で目を吊り上げて「ブラッキー・チャン（黒い中国人）」と囃《はや》し立てた。ハインズは母を友達に見られるのが嫌で、ポンコツの自動車で学校に送り迎えされるとき、顔を隠していた。それを見た母は涙を流して言った。

「お前を引き取って、つらい思いさせちゃったね。もういいから、父さんと一緒に暮らしなさい」

その日からハインズは母を恥じるのをやめた。韓国料理も一緒に食べるようになった。友達を家に呼んで母の料理をご馳走した。

「みんなカルビの虜《とりこ》になったよ」

後にハインズは腕に名前をハングルで刺青した。

勧められてフットボールを始めたハインズはたちまち才能を発揮し、高校ではスターになった。そのころ、白人と黒人の両親の間に生まれた少女シモーヌと知りあい、生いたちの悩みを分かちあううちにふたりは愛しあい、後に結婚する。

ジョージア大学にスカウトされた後も偏見は続いた。ハインズは母親に似て身体が小さかった（といっても183センチだが）からだ。

「コーチたちは僕のような体格には無理だと思ったんだ」

ハインズはいつも補欠で、試合に出してもらえなかった。スティーラーズに入ってプロになっても同じだった。

「チャンスを与えてくれない」

そう嘆くハインズを母は片言の英語で叱った。

「誰もチャンスは与えてくれない。自分でつかむしかないよ」

母は別れた夫からの養育費も、政府からの助けも一切受けずに、女手ひとつでひたすら働いて3LDKの一戸建てを買った。そんな母を見たら、ハインズは泣き言なんか言えなかった。人の倍も練習し、試合を一度も休まず、ハインズは地道に実力を示し、ついに'05年には契約金2750万ドルのスタープレイヤーに上り詰めた。

4月、ハインズは愛する母を連れてソウルに凱旋した。国をあげての歓待に反して、彼には子どものころ、アメリカで韓国系として爪弾《つまはじ》きにされてきた思いが蘇った。韓国でも彼のような〝混血児〟がひどく差別されていることを知ったのだ。韓国は外国人が全人口の2・5%しかおらず、明らかに肌の色が違う混血児は軍隊に入ることが許されなかったこともあった。差別のため、混血児の45%が職に就けないという。

「だけど、今、僕はアメリカからも韓国からも誇りに思われている。他の混血児のことも僕と同じように扱ってあげてほしい」

韓国を去る日、ハインズは1億円を投じて混血児への差別を是正する運動のための基金を始めた。

帰国してからハインズはハングルを真剣に学び始めたという。2歳の息子に教えてやれるように。母は最近、近所の高校で食堂のおばさんとして働き始めたという。豪邸に住んでいるのに。

「母さんは働かずにはいられない性分なんだよ（笑）」

追記◆'09年2月1日、ハインズ・ウォードの所属するスティーラーズは史上最多となる6回目のスーパーボウル制覇を達成。ハインズも出場し、2度目の栄冠に輝いた。

アホな野球選手を宗教で飼いならそう!
ベースボールチャペルと「信仰の日」――◆'06年8月

テッド・デビアスというプロレスラーがいた。彼はWWFで「ミリオンダラー・マン」という億万長者のヒール（悪役）を演じていた。$のマークで飾り立てた金ピカの衣装を着て紙幣をバラまき、レスラーや審判の顔を札束ではたいて買収してしまう。

決めゼリフは、

「Every man has his price（どんな男にも値段がある）」

つまり、「金で買収できない人間はいない」というわけだ。

そのデビアスが、今はなんと牧師に転向して、PWA（パワー・レスリング・アライアンス）というプロレス団体で〝布教〟して回っている。この団体は普段、血まみれ汗まみれのプロレスを見せる内容なのだが、メインイベントの試合が終わると、リングにレスラーたちが集まって告白タイムが始まる。

ステロイド、酒、ドラッグ、博打、家庭内暴力……。レスラーたちの懺悔《ざんげ》がひととおりすむと、場内が暗くなって十字架を背負ったキリスト（の扮装をした男）が現われて言う。

「あなた方の罪は、許されました」

そして客席では、神の奇跡にうたれた人々が涙を流しながら天を仰いで口々に叫ぶ。

ハレルヤ！　ハレルヤ！

アホらしい……と思う人もいるだろうが、プロレスだけじゃなく、天下の大リーグでも試合後の宗教ショーが始まっている。

2006年シーズンからアトランタ・ブレーブスは、毎週木曜日を「信仰の日」として、試合が終わるとジョン・スモルツ投手が神の偉大さを観客に向かって語り、バンドが賛美歌を演奏するイベントを始めた。

こうした風潮は、'01年9・11テロの後、7回表のストレッチタイムに『ゴッド・ブレス・アメリカ』を合唱したことから始まった。

『5千万人の信仰／野球、宗教、アメリカ文化』という本の著者クリストファー・ホッジ・エバンスによると、今や「信仰の日」は熱心なキリスト教徒の多い南部のマイナーリーグの試合では欠かせぬ行事となり、南部以外の地域にも広がりつつあるという。大リーグでは、アリゾナ・ダイヤモンドバックスやフロリダ・マーリンズも「信仰の日」を始めると報じられた。

これは「ベースボールチャペル」の布教活動の成果だといわれている。ベースボールチャペルとは、1973年、日曜日に試合があって礼拝に行けない野球選手のため、牧師を球場に出張させようと発足した教会。今ではメジャー、マイナー全球団に専属牧師を無料で派遣している。

ベースボールチャペルの牧師たちは試合前後の礼拝を指揮するだけでなく、選手たちのカウンセラーとして彼らを指導する。最近、アメリカのプロ選手がやたらと試合中に神に祈ったり、インタビューで神に感謝するようになったのは、どうやらそのせいらしい。

ただ、問題なのはベースボールチャペルが、キリスト教保守派団体の支援で運営されている、ということだ。自らを「福音派」と呼ぶキリスト教保守派は、聖書の言葉（福音）を文字どおりに実現しようと考えている人たちで、ダーウィンの進化論や避妊に反対し、同性愛や妊娠中絶を法律で禁じようとするブッシュ政権を熱烈に支持する政治勢力となっている。

彼らにとってキリスト教以外は邪教なのだ。すべてのアメリカ人がキリスト教徒ではないのに……。

「すべての人をイエス様に帰依させるのが俺たちの使命だ」

'05年、ワシントン・ナショナルズのライアン・チャーチ外野手は、公式の場でこんな発言をした。

「俺の彼女はユダヤ人なんだ。だから『イエス様を信じてないユダヤ教徒は、地獄に落ちるんですか？』って牧師さんに尋ねたんだ。そうしたら球団専属の牧師さんジョン・モーラー先生は、『そのとおり』とうなずいたんだよ！　この恐ろしい真実を、ユダヤの人たちに教えなくちゃ！」

ライアンの発言はユダヤ系団体の猛烈な抗議を呼び、朴訥《ぼくとつ》な野球バカに偏見を教え込んだモーラー牧師は解雇された。しかし、チームのオーナーたちは、金と名声に溺れて酒やドラッグ、女性絡みで問題を起こすプロ選手の躾《しつけ》には有効だろうとベースボールチャペルを歓迎している。

前述のテッド・デビアスも神の道に入った理由は、女遊びがカミさんにバレたのがきっかけだったそうだ。

ミリオンダラー・マンにしてはショボい話……。

「4千万ドルもらっても奴隷は奴隷だ!」
なぜ黒人の監督やオーナーがいないのか――◆'06年9月

1969年、黒人公民権運動の指導者マーティン・ルーサー・キングJr.牧師が凶弾に倒れた翌年、非暴力路線に限界を感じた黒人たちは武力闘争に転じ、全米で暴動を展開。白人支配に対する革命の機運が高まっていた。そんな折、激しいソウルミュージックに乗せて黒人同胞をアジる詩人グループ「ラスト・ポエッツ」が発表した、「ニガーたちは革命が怖い」という詩に、こんな一節がある。

〝スポーツ選手はニガーだらけだ。ニガーたちは、アメフトやバスケや野球をプレイしてる間に、白人どもにキンタマ切られて去勢されてる〟

これは、いくら黒人選手が増えてもプロスポーツの白人支配が揺るがない現実を歌っている。

1920年代、黒人たちは黒人だけの野球やフットボールリーグをもち、独自のビジネスとして運営していた。しかし第二次世界大戦後、ジャッキー・ロビンソンの白人大リーグ入りが突破口となり、プロスポーツの人種隔離が撤廃された。それはそれでめでたいが、おかげで黒人リーグは消えてしまった。そして黒人はコーチや監督、オーナーという使う側ではなく、ただ選手として使われる存在に戻ってしまった。

「いくら高い給料をもらっても、奴隷は奴隷だ」

'69年、セントルイス・カージナルスの名センターだったカート・フラッドは、インタビューで怒りをぶつけた。理不尽なトレードに出され法廷で争ったのだが負けてしまったのだ。フラッドの年俸は当時の金額で90万ドル（今なら10億円以上）。それでも白人のオーナーによって金銭で売買されるうちは、農園で売買される奴隷と変わりない。

フラッドの闘争がきっかけとなり大リーグにFA制度が実現したが、その後、経営側は契約金をさらに吊り上げて選手を飼いならしていった。それはNFLやNBAでも同じだ。豪邸に暮らし、高級車に乗り、美女を侍《はべ》らせてシャンパンをあおる生活で選手たちは去勢されてしまい、監督やオーナーの側に回ろうなど微塵も考えなくなった。ちょうど、社会意識を忘れて女と酒と車のことしか歌わなくなった最近のラップミュージシャンのように。事実、NFL選手の65％が黒人なのに、ゼネラルマネジャーに黒人はたった5％。チームオーナーはひとりも黒人がいない。

「ニューヨーク・タイムズ」紙のスポーツコラムニスト、黒人のウィリアム・C・ローデンは、金に溺れた黒人アスリートたちを「4千万ドルの奴隷」と呼んだ。ローデンは、マイケル・ジョーダンが自分でチームを立ち上げて構造を改革するだけの知力も実力も人望もあったにもかかわらず、優等生的に振る舞って体制と戦わなかったことを嘆いている。

とはいえ、大金をもらって満足している選手ばかりじゃない。1999年にはNBA経営陣と戦うための選手会結成についてマスコミへの発言を禁じられたニューヨーク・ニックスのラリー・ジョンソンは「俺たちはまるで反抗的な奴隷扱いされている」と漏らして物議を醸した。また、2006年にはニューヨーク・ジェッツやオークランド・レイダーズのCBだったアンソニー・プライヤーが『日曜日の奴隷側』（日曜はNFLの試合が行なわれる日）という著書で、アメフト産業の白人支配を告発している。

それは単にスポーツ界だけの問題ではない。『ダーウィンのスポーツ選手たち／スポーツはいかにしてアメリカ黒人にダメージを与え、人種幻想を温存したか』（邦題『アメリカのスポーツと人種』／明石書店）という本がある。著者のジョン・ホバーマンは、黒人のスポーツ選手の台頭は「黒人は肉体的には優秀だが頭脳面では白人に劣っている」という偏見を助長し、黒人が社会でのリーダーシップを担おうとする努力を妨げると批判する。さらに、華やかな成功ばかりに目を奪われ、政治や経済や科学の分野を志す黒人が増えない要因にもなっていると語る。

'03年、NBA初の黒人経営によるチーム、シャーロット・ボブキャッツが発足した。オーナーはローデンに批判されたマイケル・ジョーダン、ラッパーのネリー、そして黒人向けケーブルテレビ局ＢＥＴの創始者ロバート・Ｌ・ジョンソンの３人だ。ところがこの歴史的快挙に対して黒人たちの反応は微妙だった。なぜならチーム設立の資金を得るために、ＢＥＴを白人のメディアコングロマリット（複合企業）「バイアコム」に30億ドルで売り渡してしまったからだ。長い苦難の歴史を経て、黒人がついに手に入れた大事な全米規模の電波メディアを。それじゃ、意味ないよ！

ハチのように刺し、ラップのように話す

モハメド・アリは偉大な詩人だった――――◆'06年11月

Float like a butterfly,
Sting like a bee.
Your hands can't hit.
What your eyes can't see.
「チョウのように舞い、
ハチのように刺す。
俺にパンチは当たらない。
目にも止まらないからさ」

モハメド・アリの名文句を原文で読むと、それぞれがポエムになっているのがわかる。アリは荒唐無稽なまでのビッグマウスで悪名高かったが、ただのホラ吹きではなく、詩人だった。

たとえば1975年、フィリピンでアリが「ゴリラ」と呼ばれていたジョー・フレイジャーと対戦する直前に、こう言っている。

It'll be a Killer,
And a Chiller,
And a Thriller,
When I get the Gorilla,
In Manila.

キラー、チラー、スリラー、ゴリラ、マニラ、ときれいに韻を踏んでいる。

これはライムだ。ラップだ。

「アリはラッパーだった。ラップが誕生するはるか以前から」

『アリ・ラップ』という本を編纂したジョージ・ロイスは、その巻頭言で「アリのラップは、2パックよりもジェイ・Zよりもラン DMCよりもLLクールJよりも、10年も20年も早かった」と書いている。

『アリ・ラップ』はアリの少年時代から現在まで、約150の名言にロイスがデザインワークを加えている。トランクスをはいた12歳のアリ少年の写真には、初めて対戦する相手に対する彼のコメントが添えられている。

This guy is done,
I'll stop him in one
「あいつはもう負けだ、
1ラウンドで倒すよ」

すでにdoneとoneで韻を踏んでいる。天性のラッパーなのだ。
本に載っている図版はアリの写真だけではない。たとえば白地にピカピカの黒革靴があしらわれたページには、アリのこんな言葉が載っている。

「最高の気分で目が覚めた。
俺は黒くて、美しかった。
黒いシーツのベッドから起きて、
黒いローブを着て、
黒いレコードをかけて、
ブラックコーヒーを飲んだ。

そして真っ黒な靴をはいて、
真っ黒なドアを開けたら……、
おお神様！

外は真っ白な雪景色だ！」

これぞ、ブラックユーモア！

『アリ・ラップ』はリアルタイムのアリ自身の言葉で綴られた彼の自伝であり、同時にアメリカ黒人の歴史でもある。

少年時代は、白人娘に口笛を吹いただけで黒人がリンチで殺される現実に怯《おび》えていたアリだが、プロレスラーのゴージャス・ジョージの憎まれ口パフォーマンスを見て「この傲慢《ごうまん》な男が倒されるのを見たくて観客が殺到する。こいつはいいアイディアだ！」とインスパイアされ、「俺はビューティフルだ！」を連発するようになった。そのキャッチフレーズは黒人解放運動とともに「ブラック・イズ・ビューティフル」という黒人の意識革命を導いた。

「From the slave ship to the championship（奴隷船から世界王者へ）」と上り詰め、ベトナム反戦運動の象徴となり、「上院議員のようにコメントを求められる唯一のボクサー」となった。

アリはブラックムスリムに改宗しても、黒人至上主義で反ユダヤ的な教団とは違って、ホロコーストから生還したユダヤ系老人を収容する施設を閉鎖から救ったり、9・11テロが起きたときは世界に向けて「イスラムとは平和の家という意味だ。テロリストはムスリムではない」と訴えた。

自身のパーキンソン病については「これは神が、俺にこう教えるための試練だ。『君は世界一ではない。私だ！』」と言って、ビッグマウス健在ぶりを示した。要するに「俺は神様の次にグレーテスト」という意味なのだから。

だが、この本で一番感動的な言葉は、実はアリのものではない。彼が末期ガンの少年を励ましに病院を訪れたとき、少年はこう言った。

「無理だよ、チャンプ。僕はもうすぐ神様に会うんだ。そしたら、アリと会ったことを自慢するからね」

（本文中すべて著者訳）

NFL唯一の「日系人」の目はグリーン
ニューオーリンズの「聖者」スコット・フジタ――◆'06年12月

大リーグに、NBAに、アジア人が次々と進出していく今、アメフトはどうだろう。ヨーロッパのNFLで日本人がプレイしているものの、本場アメリカに目を向けてみると、韓国人の母とアフリカ系アメリカ人の父の間に生まれたハインズ・ウォード以外にはあまり……おっと、スコット・フジタという選手がいた。

フジタは2006–'07年シーズン、絶好調のニューオーリンズ・セインツでプレイし、9月には月間MVPを受賞。地区優勝に向かってチームを牽引しているLBだ。しかし、彼の身長は196センチ、髪はブロンド、瞳はグリーン。名前が示すような日系人にはとても見えない。

「僕には日本人の血は一滴も流れていない」

彼は取材のたびにそう説明している。母は白人で、ティーンのときに彼を産んだ。父親はわからない。生まれて6週間後に日系三世のフジタ家が、彼を養子にしたのだ。

「でも、人種が何だってんだ」

と、スコットは言う。

「どんなふうに育てられたか、どんな家族か、そのほうが何よりも重要だろ？」

スコットは毎日お米のご飯を箸で食べて育った。食事は完全に和風だったので、8歳のとき、友達の家でベイクドポテトを出されたら食べ方がわからなかった。元旦にはお雑煮とお節料理を食べ、5月5日のこどもの日には鯉のぼりを飾って祝った。おじいちゃんとおばあちゃんは、幼いスコットに桃太郎や一寸法師の話を聞かせた。

思春期になったスコットは、大好きな祖父母のつらい体験を知った。

日本軍が真珠湾を攻撃した1941年、スコットの祖母リリーはカリフォルニア州バークレーの大学生だった。ひとりの女学生がリリーに向かってこう叫んだ。

「チビのジャップ！　さっさと日本に帰りなさいよ！」

リリーは背の低い女性だったが、小さいのは身体だけだった。彼女は堂々と言い返した。

「わたしだってアメリカ人よ！　あんたよりもずっと優秀な！」

しかし2カ月後、ルーズベルト大統領は12万人の日系アメリカ人を「敵性市民」と見なし、強制収容所に送った。日系人は土地や財産を没収され、ユタやアリゾナの砂漠に建てられたバラックに住まわされた。リリーは収容所に送られる前に恋人のナガオと急いで結婚したので、一緒にアリゾナの収容所に入ることができた。ナガオはアメリカに対する忠誠心を証明するために陸軍に入った。彼のような日系人だけを集めた442部隊はヨーロッパの激戦地に送られ、最も勇敢で、最も死傷者の多い部隊となった。ナガオが戦っている間にリリーはスコットの養父となるロッドを産んだ。

父ロッドは地元の子どもフットボールのコーチだった。スコットはたちまち父親の背を追い越し、その後もどんどん伸び続け、NFLに入った。

スコットが'06年からニューオーリンズ・セインツに移籍した理由は「カトリーナ」だった。'05年8月のハリケーンでニューオーリンズは破壊され、スタジアムは避難所となった。セインツのチーム名はニューオーリンズジャズの名曲『聖者の行進』からとられているが、その歌を生んだ黒人コミュニティは存亡の危機に瀕している。セインツのヘッドコーチ、ショーン・ペイトンはこう言ってスコットを誘った。

「一緒に戦って、ニューオーリンズの人々を励まそう」

スコットは、セインツのひとりになることを決めた。

'06年9月25日、スーパードームの最初の試合でDBのマイク・マッケンジーは、テレビカメラに向かってフジタをこう紹介した。

「アジアン・アサシン（アジアの刺客）！」

遺伝子的にはアジア人ではない。だがスコットはその称号を受け入れた。タックルで倒した敵に対して、武道の試合の後のように頭を下げて礼をしてみせた。冗談っぽく、右の拳を左の掌《てのひら》にあてる中国式の礼だったが……。この動きはたちまちセインツファンの間で大流行した。

その後、スコットはチームのタックル最多記録を塗り替え、それを記念してニューオーリンズの寿司レストランは「マウント・フジタ巻」をメニューに加えた。

どんなに負傷してもカミカゼのように敵に特攻するスコットは、その闘志の源についてこう語っている。

「ハリケーンの被害、日系人の強制収容、人種差別……。それらがみんな僕の一部になっているんだ」

差別ＤＪじいさん、女子大生に謝罪
黒人アスリートの多さへの不満が暴言に――◆'07年5月

アメリカでは3月は〝マーチ・マッドネス〟といって、ＮＣＡＡバスケットボール選手権の月。２００７年4月3日の女子決勝で、テネシー大とニュージャージーのルトガース州立大が激突した。テネシー大のコーチ、パット・サミットは優勝歴７回、通算９４７勝を誇り、ＮＣＡＡ男女を通じて最多記録をもつ人物（ちなみに2位は暴言コーチとして有名なボブ・ナイト）。対するルトガース大のコーチ、ビビアン・ストリンガーの勝数は史上3位。ふたりは長年のライバルだ。

接戦の末、59－46でテネシー大が勝った。ストリンガーと選手たちはあと一歩のところで優勝を逃したが、その後にもっと悔しい思いをするとは予想もしていなかった。

翌4月4日、ＣＢＳラジオのモーニングショーで、司会のドン・イマスが相棒のバーナード・マクガークとふたりで、ルトガース大の選手を揶揄《やゆ》し始めたのだ。

「ルトガースの選手は荒っぽいな。タトゥーもしてるし」（イマス）

「ハードコアな〝ＨＯ《ホー》〟どもだな」（マクガーク）

HOとは「売春婦」とか「売女」という意味のスラングだ。「Nappy-Headed Ho（縮れっ毛の売女）だ。比べてテネシー大の選手はキュートだな。まるで……」（イマス）
「スパイク・リーの映画だ。ジガブー対ワナビーってやつだ」（マクガーク）
彼らが言っているのは、スパイク・リー監督が黒人大学を描いた映画『スクール・デイズ』（'88年）のことで、アフロヘアを誇るジガブー（黒人という意味の差別語）と、ストレートパーマをかけたり金髪に染めたりしているワナビー（白人なりたがり）の女子大生グループが対決するシーンがある。ルトガース大は黒人ゲットーで悪名高いニューアーク市にあり、選手10人中5人がアフリカ系だ。イマスの発言の根底には、スポーツ選手の大多数を占める有色人種に対する白人の不満がある。
66歳のイマスはカウボーイハットがトレードマークで、南部のレッドネック（貧乏白人）のような乱暴で差別的なトークを昔から売り物にしてきた。黒人女性を「掃除のおばさん」と呼んだり、ユダヤ系の編集者を「へんな帽子（ユダヤ教徒のヤムルカのこと）をかぶったガキ」と笑ったりする。アメリカのラジオでは、この手の「ショック・ジョック（ショッキングなことを言うDJ）」が、テレビや新聞では許されない暴言を競いあって聴取率を稼いでいる。「縮れっ毛の売女」というアフリカ系と女性の両方を差別した言葉も、そんなショック・ジョックのジョークにすぎなかった……と、イマスは思っていた。

ネット時代の今はそうはいかなかった。イマスのラジオ収録の映像は、大手ニュースチャンネルのMSNBCのサイトで配信されていた。「縮れっ毛の売女」発言のビデオはたちまち、あちこちのブログからリンクされ、メールで送られ、ネット中に広がった。反人種差別グループや、女性運動家たちがマスコミに怒りを表明し、放送局のCBSに対してイマスを正式に処分するよう求めた。ルトガース大の学生たちも抗議デモを行なった。これに対して他のショック・ジョックや保守系評論家は、イマス擁護の論陣を張った。

まだ20歳前の選手たちは、全米放送で「売女」呼ばわりされたことに傷つき、悲しむと同時に、政治的論争の渦中に巻き込まれたことに当惑した。そして全員で話し合って、自分たちの気持ちを世間に表明することに決めた。記者会見で白人選手のひとり、ヘザー・ズーリックは涙ながらに訴えた。

「一番悲しいのは、イマスさんは私たちの誰ひとりも知らないで、あんなことを言ったということです。マティは私の人生で会ったなかで一番楽しい娘だし、キアはお姉さんみたいに頼りになります。ピッフは必ずや立派な弁護士になるでしょう」

ポイントガードのマティは'06年、大腿骨を骨折してチタンを埋め込む手術をし、'07年シーズンは激痛に耐えて戦った。彼女の母はリベリアから出稼ぎに来て、清掃作業員として働きながらお金を貯めて国から娘を呼び寄せた。チーム中ただひとりタトゥーをしているキアは地区MVPに選ばれた名選手。そしてピッフは、司法試験のために勉強している。

ＣＢＳはイマスを解雇した。彼は失敗を認め、選手たちに直接会って謝罪した。70歳近いイマスは孫くらいの娘たちに諭された。「何かを言うときは、相手もひとりの人間だということを忘れないでください」と。

ドミニカはメジャー・リーグの植民地
野球しかない少年が野球を失った後——◆'09年7月

そのドミニカ人の少年は「シュガー」と呼ばれた。どんなバッターも思わず手を出してしまう、スイートなナックルボールを投げるからだ。映画『シュガー』は、アメリカのプロ野球界に数々のスーパースターを送り出してきたドミニカ共和国の実態を描いたドラマだ。

最貧困スラムに生まれたシュガーはその肩をスカウトに見いだされ、カンザスシティ・ナイツという架空のメジャーチームがドミニカに作った野球選手養成所でピッチャーとして育てられている。そこでは70人の少年らが寝食をともにし、野球だけでなく「I got it!（このボールは任せろ）」などの英語や、ナイフとフォークの使い方といったアメリカ生活のマナーを学ぶ。

ドミニカはかつて、アフリカから連れてきた奴隷たちを使ってサトウキビを生産していた。国民の多くは奴隷たちの子孫だ。しかし現在、若者の失業率は約30パーセント。腕のいい家具職人だったシュガーの父は亡くなり、メジャーの選手になることだけが、家族の唯一の希望だ。でも、その可能性は針の穴を通るようなもの。若者の大半は野球に搾《しぼ》り取られ、捨てられる。シュガーという名前は、選手養成所が現代のサトウキビ農場であることを暗示している。

アメリカへの入国ビザは各チーム毎年６人しか発行されない。その競争を勝ち抜いたシュガーは、アリゾナのキャンプでマイナーリーグのチームに抜擢される。ただし四軍のシングルＡだ。

シュガーのチームは、アメリカのど真ん中、アイオワにあった。見渡す限り黄金のトウモロコシ畑。ドミニカのような海も山もない。アイオワにはスペイン語が話せるメキシコ系も、シュガーのように肌の黒いアフリカ系もいない。白人たちの見知らぬ文化のなかで孤立無援のシュガーは、その気持ちを誰に話すこともできない。

同じチームに黒人の新人がいた。しかし、彼はアフリカ系アメリカ人。しかも名門スタンフォード大卒。シュガーが拙《つたな》い英語で「メジャーに行けなかったらどうする？」と尋ねると、彼は「大学に戻って教師にでもなるさ」と答えた。肌の色は同じでも、シュガーとは何の共通点もない。シュガーには野球以外に何もない。

シュガーはひたすら野球に打ち込む。週１０００ドルの給料をほとんど家に仕送りする。猛練習のかいあって、シュガーのナックルカーブは次々と勝利をあげ、地元の子どもたちからサインを求められるようになっていく……。

『シュガー』の監督アンナ・ボーデンとライアン・フレックは長い取材調査と数々のインタビューを通して、この物語を作り上げた。しかしこれはハリウッド映画ではないし、努力と勝利のサクセスストーリーでもない。作り手が描こうとしたのは、アメリカンドリームをつかんだひと握りのスーパースターの陰に隠れた、その何百倍もの夢破れた者たちの現実だ。

シュガーは思わぬケガで欠場。そこから調子を崩し始める。つい興奮剤に手を出してドーピング検査に引っかかり出場停止。メジャーはどんどん遠ざかっていく。ついにシュガーはチームから脱落し、ニューヨーク行きのバスに飛び乗ってしまう。メジャーの頂点、ヤンキースタジアムを一度見ておこうと思ったのだ。野球をあきらめる前に。

スタジアム周辺のヒスパニック・コミュニティで木工製作所を見つけたシュガーは思わずドアを叩く。親方のもとでテーブルを作らせてもらいながら、シュガーは初めて自分を見つめ直す。……僕がいちばん幸福だったのは父さんと一緒にこうして家具を作っていたときだ……。彼はニューヨークの大工として第2の人生を歩み始める。

ある日、シュガーは草野球に誘われる。他のプレイヤーたちが自己紹介する。「俺も故郷はドミニカだ。ドジャースの養成所から来たのさ」「俺はキューバから」「俺はベネズエラから」。映画の彼らは俳優ではなく、本当にマイナーリーグの元選手たちだという。彼らとともにシュガーは野球をプレイする。生まれて初めて心から楽しんで。

「オールアメリカン」なのに白人だけ？
人種隔離バスケリーグ案に非難ごうごう——◆'10年6月

南北戦争で奴隷が解放された後も、アメリカ南部では１００年も人種隔離が続いていた。白人専用のレストランに黒人は入ることを許されず、バスにも白人席と黒人席があり、黒人は選挙に参加することもできず、学校も別々。黒人と白人が一緒にスポーツすることもありえなかった。しかし１９６０年代、マーティン・ルーサー・キングJr.牧師を先頭に闘った結果、ついに人種隔離は撤廃された。

そのキング牧師記念日の前日である２０１０年1月17日、キング牧師の故郷ジョージア州アトランタから、彼の偉業に挑戦するようなニュースが発信された。

「今年の夏、白人だけのプロバスケットボールリーグを立ち上げる」

マスコミに向けてそう発表したのはドン〝ムース〟ルイス。元プロレスのプロモーターで、'90年代の終わりにアトランタでＩＢＵというボクシング団体を主宰（現在休止中）していた男だ。

ムースが始めるリーグの名前はＡＡＢＡ（オールアメリカン・バスケットボール・ア

ライアンス)。この場合のオールアメリカンは「全米」ではなく「平均的アメリカ人」という意味だ。

「今や、我々白人は少数派になってしまった」とムースは言う。NBA選手の黒人率は79%で、全米プロスポーツの中でもアフリカ系が多い(NFLは65%、MLBは18%)。「黒人選手は観客に襲いかかったり、試合中に自分の股間をつかんでみせたりする。白人だけにすれば、それを恐れる必要はない」。ムースは2004年に当時インディアナ・ペイサーズのロン・アーテストが観衆に殴りかかったことや、ワシントン・ウィザーズのギルバート・アリーナスがロッカールームに拳銃を持ち込んで出場停止になった事件を例に挙げる。

さらにムースは、AABAの出場資格を「アメリカ国内で白人の両親から生まれた者」に限定する。NBAにヤオ・ミンのような中国人や中南米の選手が増えていることへの反発だろう。

「AABAは道端でやってるストリートバスケじゃなくて、品のあるファンダメンタル(原点に戻った)バスケをするリーグだ」と語るムースは、南部の12都市にリーグ参加を呼びかけた。

アトランタに近いオーガスタの市長は、すぐにAABAを拒否すると応えた。NBAの元スーパースター、チャールズ・バークレーも「白人だけのリーグなんてアホらしい」と呆《あき》れながら、「このニュースは、今も恥知らずな人種差別主義者が存在して我々黒人を憎んでいるという事実を教えてくれるな」と怒りを抑えきれない。

アメリカのスポーツはかつて、白人と黒人は隔離されていた。しかし、メジャーリーグよりもNFLよりも先に人種の壁を取り除いたのはプロバスケットボールだった。第二次世界大戦中の'42年、NBAの母体であるNBLが黒人だけの2チームをリーグに参加させた。

白人だけのリーグなんて、時代を70年も逆回転させる愚行だ。実現するわけがない。しかし、ムースは商売になると踏んでいる。

「ABAで優勝したチームが黒人だけのチームの挑戦を受けるんだ。スノーボール対ブロ（黒人の兄弟という意味）ボールだ。テレビが放送したがるぞ。どっちが強いか観たいだろう？」

いや、その結果は大昔に出ている。南部では大学も白人用と黒人用に分かれていた'44年、NCAAの名門デューク大学のチーム（全員白人）が、ノースカロライナ黒人大学のチームと極秘に試合を行なった。黒人と白人が試合をするなんて当時の南部では許されないことだったので、体育館に客は入れず、報道陣にも告知されなかった。結果、白人の名門チームは44－88のダブルスコアで黒人チームに負けた。

そもそもスポーツは実力さえあれば肌の色なんか関係ないから黒人選手が増えたのだ。

そこに人種隔離をしたって強くなるわけはない。ムースはリーグ名変えたほうがいいよ。NNB（ネオナチ・バスケットボール）とか、KKKB（クー・クラックス・クラン・バスケットボール）に。

健常者が知的障害者になりすましてスポーツ賭博で儲けようとする映画『リンガー！』には、知的障害をもつ多くの選手たちが全面協力の下、エキストラ出演した。

ほんの一握りしかなれないメジャー・リーガーの陰に、その何百倍もの夢破れた者たちがいるという現実を描く映画『シュガー』。

第7章
敗れざる者たち
The Undefeateds

『ミリオンダラー・ベイビー』を書いたカットマン

闘牛士から小説家へ　その流転の人生――◆'05年3月

『ミリオンダラー・ベイビー』('04年)が第77回アカデミー賞で作品、監督、主演女優、助演男優の4部門に輝いた。製作と監督を兼ねたクリント・イーストウッドが女子プロボクサーを見守る〝カットマン〟を演じている。カットマンとは、リングのコーナーでボクサーの傷の出血を止めるプロのことだ。

F・X・トゥールによる原作小説『ミリオンダラー・ベイビー』は、2000年に短編集『テン・カウント』(邦訳／早川書房)の一篇として発表された。トゥール自身、カットマンだと紹介され、ジェイムズ・エルロイらボクシングに魅せられた作家から「リングの内側から書かれた初めての小説」と絶賛された。しかし、ボクシング業界からは疑われた。誰も「トゥール」という名前を聞いたことがなかったからだ。

トレーナーのルー・デューバも「ニューヨーク・タイムズ」紙の取材に対して信じられないと答えた。「カットマンには文章を書くどころかまともな英語をしゃべるやつすらいないよ」。しかしトゥールの容姿を「背が高く白髪で、右耳のない70歳の男」と聞くと、急に目を輝かせて叫んだ。

「それってジェリー・ボイドだろ！」

ボイドはWBA世界ジュニアフェザー級世界王者へスス・サルードなどのカットマンとして、7度の世界戦のコーナーについた大ベテランだった。しかし、皆、首をかしげる。

「ジェリーがモノ書きだなんて初耳だぜ」

ボイドは、誰にも知られずに40年以上も書き続けていた。彼自身の、紆余曲折の人生を。

1930年、ジェリー・ボイドはカリフォルニアのアイルランド系労働者の家に生まれた。靴磨きをしながら演劇学校を卒業し、舞台俳優を志してニューヨークに移り住んだ。そこで、ヘミングウェイの闘牛論『午後の死』と出会ってしまった。

「生と死が、つまり激烈な死が見られる唯一の場所は、戦争が終わった今となっては闘牛場のみである」

ボイドはすぐにメキシコに飛んで闘牛士を目指した。しかし、牛に3回も突かれて死にかけてマタドールの夢をあきらめた。ロサンゼルスに戻り、家族を食わせるために仕事を転々とした。アイスクリーム工場の工員、ミキサー車の運転手、私立探偵、バーテンダー。酒と女とケンカはいつもついて回った。右耳は自動車泥棒を捕まえようとしたときに食いちぎられた。

「頭にきたからそいつの片方の目だけを集中して殴った。失明したかもな」

’79年、彼は49歳で生まれて初めてボクシングジムのドアを叩いた。ジム側もそんな年寄りの入門者は前代未聞だったが、街場のケンカなら負け知らずのセンスを買って試合を組もうとした。しかし試合直前にケンカで鼻の骨と歯を折ったせいでプロデビューはあきらめざるをえなかった。その後、視力を失ったトレーナーのダブ・ハントリーから、「俺の目になってくれ」と雇われ、ボイドはカットマンとして認められていった。報酬は１試合１２００ドルだった。

その間もボイドはずっと小説を書き、投稿し続けていた。しかし40年間、どこからも採用されなかった。

「ボツを食らうたびにノックダウンされる。でも、気づくとまた立ち上がってタイプライターと格闘するんだ」

60代になったボイドを心臓発作が襲った。死の恐怖を忘れるため、小説のアイディアに集中した。

「すると壁の向こう側が透けて見えるように物語が見えてきた」

翌朝、ボイドは山に駆け上がった。

「酒を飲み、葉巻を吸い、女とセックスした（当時66歳）。心臓が痛くなってきた。よし、どうせ死ぬならこの小説だけは書き終えてやると決めた」

60代の終わりに、短編がやっと文学誌に掲載された。原稿料はわずか50ドルだった。ボイドはそれで買ったウイスキーを飲み、ブラックチョコレートを肴に、ひとり静かに作家デビューを祝った。

'02年、映画化の2年前にボイドは心臓疾患で亡くなった。

彼は言う。

「夫としても父親としても失格だった。俳優も闘牛士もボクシングもモノにならなかった」

しかし、小説だけは勝つまでリングから降りなかったのだ。

「殺人ボール」は車椅子の『マッドマックス』女にモテる半身不随のファイターたち――◆'05年8月

映画『マーダーボール』('05年)は、「殺人ボール」と呼ばれるスポーツを描いたドキュメンタリーだ。

１９６０年代生まれなら「殺人すら許される究極のゲーム！『ローラーボール』('75年)」という映画を思い出すかもしれない。とにかくボールをゴールに入れさえすればいい(10秒以上ボールを持ち続けてはいけない)。阻止するためには車椅子で激突する。

車椅子？

そう、マーダーボールは、日本では「車椅子ラグビー」と呼ばれている。もともとマーダーボールという名前だったが、それではあまりに物騒でパラリンピックの公式種目にはできないので改名されたそうだ。

しかし、競技用の車椅子を見るとやっぱり「殺人ボール」のほうが似合っている。なにしろ衝撃に耐えるよう装甲されて、『マッドマックス２』('81年)の暴走族の改造車にしか見えない。全米代表チームのプレイヤー、マーク・ズパンもスキンヘッドにヒゲ、すさまじく鍛え上げられた身体にはタトゥーとピアスという姿で「ぶっ殺すぞ、おら～！」と雄叫びを上げて敵に激突する。これもまた『マッドマックス2』の登場人物そのものだ。

「マークはまさにガキ大将だったよ」

高校の同窓会で友人が回想する。

マークはケンカとサッカーが三度のメシより大好きな、マンガに出てくる〝番長〟みたいな少年だった。

マークは18歳のとき、近所の友達と酒を飲んでるうちに友達のトラックの荷台で眠ってしまった。酔っぱらった友達はマークが乗っているのも知らずにトラックでフリーウエイを走って路肩に激突。マークはそのまま宙を飛んで運河に落ち、脊椎を損傷して首から下が麻痺した。リハビリの結果、腕は動くようになったが、脚は元には戻らなかった。

「なんで俺が？」

しばらくの間、マークは事故を起こした親友や、家族や、世界のすべてに怒りと呪いをぶつけ、酒に溺れ、荒れ狂った。「車椅子ラグビーと出会わなきゃ俺はどうなっていたかわからない」とマークは言う。マークはテキサスのチーム、スタンピードに入り、勝利に導いた。そして全米代表チームに選抜された。

マークの宿敵はチームカナダの鬼コーチ、ジョー・ソアレスだ。ジョーは'80年代からアメリカの車椅子ラグビー界で活躍していた超ベテラン。幼いころ、ポリオで下半身が麻痺したが「ケンカには負けた覚えがない。まず相手を転ばせて、馬乗りになって半殺しにした」。障害があるからこそ「誰にも負けるもんか」と誓って徹底的に戦い抜いてきたジョーだが、さすがに40歳を超えるとスピードが落ち、全米チームから外された。

負けず嫌いのジョーには屈辱だった。彼はチームカナダのコーチに就任し、まさに鬼のようなシゴキでチームを鍛え上げ、憎《にっく》き全米チームを世界選手権で叩きのめした。

「売国奴め！」

マークはジョーに面と向かって吐き捨てる。映画『マーダーボール』は彼らが'04年のアテネパラリンピックで再び対決するまでを追うが、その間に選手たちの私生活も掘り下げられていく。

障害者は、弱く美しいものとして描かれることが多い。しかしマーダーボーラーは違う。

全米チームの連中は、酒を食らい、博打をし、汚い言葉で怒鳴りあい、殴りあい、女をコマす。要するに他のスポーツ選手と同じだ。車椅子の彼らにナンパされた女のコは興味津々でついてくる。

「彼女たちは好奇心があるのさ」

全米チームの色男スコットは言う。着替えやトイレはどうするの？　どのくらい感覚があるの？　などと質問した果てに女のコは尋ねる。

「……メイクラブは？」

ニヤリと笑ってスコット。「スゲえぜ。試してみる？」。これでイチコロ。『マーダーボール』は四肢麻痺の人のための体位の数々も見せてくれる。「バックも得意だぜ。彼女にタオルを引っ掛けてつかむんだ。馬の手綱みたいに」。全米チームは全員モテモテ。マークのガールフレンドはロリ顔巨乳のメガネっ娘！

子どものころ、髄膜炎菌血症という難病で両手ひじ下と両足ひざ下を切断したボブ・ルハノも全米チームの要だ。病気で顔全体に無残な傷跡が残っているが、誰の介護も受けず独立して暮らし、ちゃんと美人の彼女もいる。

要するにスポーツマンはとにかくモテるってことなのね！

片脚のスキーヤー、黄金のほほえみ

ダイアナ・ゴールデンは負けない――◆'06年3月

２００6年トリノオリンピックが終わると、同じ場所でパラリンピックが始まった。その前に全米オリンピック委員会は、パラリンピックのスキー選手ダイアナ・ゴールデンのホール・オブ・フェイム（殿堂）入りを発表した。彼女は、パラリンピックの枠を超えたスーパースターだった。

12歳の冬、ダイアナは大好きなスキーをしているときに倒れた。右脚の骨肉腫と診断され、太ももから下を切断した。12歳の少女が片脚を失うことの衝撃は想像を絶する。しかし、それは彼女を生涯苦しめたガンとの闘いの、始まりにすぎなかった。

ダイアナはスキーをあきらめず、左脚だけでスキーを続けた。自分にふりかかった不幸を嘆かず運命を恨まず、いつも笑いを忘れなかった。他のスキーヤーにぶつかられて転倒したときは、自分の脚を指差して「あー、もげちゃったわ！」と叫んで、相手をビックリさせて喜んだ。

大学に進み、全米障害者アルペンスキー大会に出場すると優勝19回、世界大会で優勝

10回という前人未到の記録を打ち立てた。1988年、カルガリーオリンピックでデモンストレーションとして行なわれた障害者アルペン競技に出場し、彼女の技術と美しさはパラリンピックに関心がなかった人々の目を開かせた。金メダルを勝ち取ったダイアナ・ゴールデンは「ゴールデンガール」と呼ばれ、輝く微笑「ゴールデンスマイル」は全米を魅了した。

ダイアナはカルガリーの後、一般のレースに次々と挑戦した。優勝することはできなかったが、彼女のおかげで、全米スキー協会は競技ルールを改正し、障害者にも門戸を開いた。これは「ゴールデンルール」と呼ばれた。

革命の女神ダイアナは国民的なカリスマとして、テレビや講演会に引っ張りだこになり、障害に負けず希望を捨てずに生きた経験を語って人々を勇気づけた。

しかし、29歳のとき、彼女は講演をやめた。人に語れる希望を失ったからだ。

ダイアナは乳ガンを宣告された。17年前の悪魔が蘇ったのだ。

「平気よ。ひとつ残ってれば赤ちゃんにオッパイをあげるには十分だわ」

得意のポジティブシンキングで乳房切除を乗り越えたダイアナだが、悪魔はあきらめなかった。すぐに残ったほうの乳房にもガンが発見され、切除した。

「たいしたことないわ」とダイアナは自分に言い聞かせた。「もともとオッパイ小さかったし。とにかく赤ちゃんが産めさえすればいいの」

その最後の望みも奪われた。子宮ガンが発見され、切除されたのだ。

それでもまだ悪魔は満足しなかった。ガンはすでにダイアナの身体のあちこちに広がり、余命５年以内と診断された。もう、自分を励ます言葉は思いつかなかった。ダイアナは睡眠薬を飲んで自殺を図った。

なんとか一命を取り留めたダイアナはひとり部屋で裸になり、自分の姿を鏡に映した。

「十数年ぶりだった。鏡を見ないようにしてきたから」

鏡の中からダイアナを見ているのは、右脚も両乳房もなく、化学療法の副作用で頭髪が全部抜け落ちた女性だった。

「身体に残った傷は、とても『平気よ』と言えるものではなかった」と彼女は言う。

「でも、こんな傷のために私は死なない」

'94年元日、ダイアナはロッククライミングの装備を背負ってブラックキャニオン渓谷に入った。岩壁を登りきった彼女は頂上から世界に向かって声の限りに怒りをぶちまけた。世界の向こう側にいるだろう、自分の運命を弄《もてあそ》ぶ存在に対しても。

45分間叫び続けたダイアナは山を下り、自分が生まれたニューイングランドに帰った。残りの人生を生きるために。

ダイアナは難病の子どもたちを励ますためのハロウィンパーティに招待された。すると、カブトムシの仮装をした男が近づいてきた。そのムシ男はスティーブと名乗った。

漫画家で、小児病棟で子どもたちに絵を教えるボランティアをしていた。スティーブは大学のころ、キャンパスでトレーニングするダイアナに恋し、何度か声をかけたりラブレターまで出したと告白したが、彼女はまるで記憶になかった。ふたりはデートをするようになった。

とうとうスティーブがダイアナにプロポーズした。彼女はすべてを打ち明けた。乳房と子宮がないこと、そしてもうすぐ死んでしまうこと……。

だが、スティーブは気にしなかった。そして'97年、ふたりは結婚した。

幸福な結婚生活を過ごした4年後、ダイアナはスティーブに見守られ他界した。その死の直前、彼女は障害をもつ若いアスリートを援助する基金を設立した。それは「ゴールデンチャンス基金」と名づけられた。

義手も義足も言い訳もいらない
四肢欠損のアマレス・チャンプ——◆'07年7月

カイル・メイナードには両腕のひじから先がない。腕の先端はただ丸くなっていて手や指はない。脚もひざまでの長さしかなく、赤ん坊のように小さな足がついている。カイルはアマチュアレスリングの選手だ。胸板は厚く、肩には筋肉が隆々と盛り上がっている。パラリンピックではない。五体満足な選手たちと戦って彼らをなぎ倒し、ジョージア州大会の決勝戦に進んだ強豪なのだ。

カイルは1986年に、「先天性四肢欠損」という状態で生まれた。原因は今もまったくわからない。しかし、腕と脚以外は健康ですくすくと育った。

食事を覚えるころは腕の先に障害者用のスプーンをつけたが、すぐになくしてしまうので面倒くさくなったカイルは普通のスプーンの使い方を練習した。義足もつけるのをやめた。うまく装着するには足の先を切断したほうがいいと言われたからだ。その代わりに、腕と脚をものすごく速く動かして移動できるよう自分を鍛えた。車椅子の代わりに、父が腕でこげるように改造した三輪車で街に出た。

カイルを育てた両親と祖母は彼を特別扱いしなかった。「No Excuse（言い訳なし）」がメイナード家のモットーだった。洋服も自分で着るし、両腕でペンを挟んで誰よりもきれいな字を書いた。

カイルは小学校に上がると、他のアメリカンボーイズと同じようにスポーツに夢中になった。ダメ元でフットボール部の入団テストを受けにいった。短距離ダッシュのテストで四肢をフル回転させて他の子どもを追い抜いたカイルを見たコーチは、彼をディフェンスに採用した。カイルはサッと伏せると敵の視界から消え、相手の脚の下を素早く這い回る。見えない角度からタックルをかまされて倒れる敵を見るのは痛快だった。

地元のテレビ局からも取材されて有名になったカイルを妬《ねた》んだのか、ある日の試合で、敵チームが、カイルの目の前にわざとボールを置いた。ボールを持っても投げることも走ることもできない彼を見て笑ったのだ。

打ちひしがれた彼の前に道を開いたのがレスリングだった。フットボールのディフェンスはオフシーズンの間、テイクダウンの練習のためにアマチュアレスリングを学ぶ。レスリングをしているうちにカイルは「これこそ僕のためのスポーツだ」と気づいた。レスリングなら走る必要も、ボールを投げる必要もない。1対1で戦い、頼るべきは自分だけ。〝オミソ〟扱いという屈辱はない。

ついに試合に出場したカイルだが、現実は甘くなかった。35戦全敗で、手も足も出なかった。それでもあきらめないカイルはクリフ・ラモスという名コーチと出会った。彼はカイルとふたりで勝つためのテクニックを探り始めた。

カイルの身体には、たしかに弱点が山ほどある。しかし、逆に長所もある。ラモス・コーチは数えきれないスパーリングをもとに、カイルが勝つためのテクニックを見いだしていった。

まず、カイルは頭を前から押されただけで後ろに転倒してしまう。その代わり、首だけで身体を起こせるように鍛え上げているので、仰向けに倒れても首でブリッジして、絶対にフォールされない。

また、手がないから相手の身体をつかむことができない。その代わり、ネルソン（首固め）などで決められてもスルスルッと脱け出すことができる。

カイルは腕だけで相手をつかむため、バタフライプレスで〝挟む力〟を鍛え上げた。その過程で「ジョーブレイカー」という技が生まれた。相手のあごの関節を腕の先で挟んで締め上げる技で、これをやられるとしばらく何も嚙めなくなる。また、挟んだ相手を後方にスープレックスするために、両腕の先にベルトでぶら下げたバーベルを肩の力だけで持ち上げるトレーニングをした。これで自分の体重の倍もある130キロまでコントロールできるようになった。

レスリングを始めて2年目、カイルは少しずつ勝ち始めた。そのうちに負け知らずになり、高校を卒業する年には地区大会で優勝し、州のトーナメントに進出した。

カイルと対峙《たいじ》した相手の反応にはいろいろある。「こんなやつに負けてたまるか」とラッシュしてくる選手、どうしたらいいかわからずに戸惑う選手……。トーナメントの初戦で当たった相手は、猛スピードで足もとにからみついたカイルに怯えて反射的にひじを振り下ろしてカイルの鼻骨を折ってしまった。大流血にもかかわらず試合に勝ったカイルだが、次の対戦相手は折れた鼻めがけてヘッドバットをかましてきた。鮮血をまき散らしながらタックルで敵を倒したカイルはあっさりフォールを奪わずに、その恥知らずな相手をジョーブレイカーで時間いっぱいまで拷問した。

決勝で惜しくもカイルは敗れたが、観客が総立ちで大喝采を送ったのは、手も足もない準優勝者だった。

カイルは自分の戦いを本にまとめ、現在はジャーナリストを目指して大学で学んでいる。本のタイトルはもちろん『ノー・エクスキューズ』だ。

人民寺院の息子を救ったバスケットボール
生存者ジム・ジョーンズ・ジュニア――◆'08年２月

筆者の住むベイエリアで最近、地元紙のスポーツ面トップを何度か飾った高校生がいる。サンフランシスコのリオーダン高校のバスケットボール選手――ロブ・ジョーンズ。彼はフォワードとして１試合平均17ポイント、14リバウンドをとり、チームを地区優勝に導いた。

バスケのコーチでもある彼の父親ジムは、マスコミにこう語った。

「私はバスケに命を救われた男です」

それは大げさな比喩ではなかった。

ジョーンズ親子を知る人々は、２００７年にテレビ放送されたドキュメンタリー『ジョーンズタウン／人民寺院の生と死』を観て驚いた。その中で、ロブ・ジョーンズの父がインタビューされていたのである。彼は、カルト教団「人民寺院」の教祖ジム・ジョーンズの息子――ジム・ジョーンズ・ジュニアだったのだ。

自殺カルト教団の教祖の息子だとは誰も気づかなかった。彼は心肺機能の治療師として病院に勤める知的で物静かな男で、ジムもジョーンズも平凡すぎる名前だし、何より教祖ジョーンズは白人で、ジュニアは黒人だからだ。

1961年、ジョーンズ・ジュニアは15歳の黒人少女の婚外子として生まれ、孤児院に預けられた。そこにジョーンズ夫妻が訪れ、彼を引き取ったのだ。

普通の牧師だったジム・ジョーンズは、'60年代のヒッピー文化やベトナム反戦運動の影響を受け、世界平和と人種平等と共産主義を掲げた独自の教団「人民寺院」を立ち上げた。人民寺院はヒッピーの中心地だったサンフランシスコで信者を増やしたが、信者の虐待や脱税などの疑いで政府に目をつけられた。教団は信者を引き連れて南米ガイアナのジャングルに移住し、その地をジョーンズタウンと名づけた。

自給自足のコミューンであるジョーンズタウンには娯楽がなかったので、当時18歳のジョーンズ・ジュニアたちは大好きなバスケットボールのコートを作り、チームを結成した。父は「そんな球遊びは退廃的だ」と反対したが、ジュニアは地元ガイアナの人々との交流にバスケを利用しようと考えた。

「ガイアナの人たちは僕らを狂信的カルト集団と恐れていたからね」

ジュニアは教団の広報としてガイアナ代表チームに交流試合を申し込んだ。'78年11月、人民寺院代表チームは飛行機でガイアナの首都ジョージタウンに向かった。11月17日の試合では代表選手相手に10点差にまで迫る好試合ができた。同じ日、教団にカリフォルニアからレオ・ライアン下院議員と取材陣が訪れていた。元信者や信者の家族から「虐待が行なわれている」との訴えを受けて、教団を視察に来たのだ。

翌日、ジョージタウンからジュニアが無線機で父に連絡すると、「すぐに帰ってこい！」と怒鳴られた。ライアン議員が脱会を希望する信者たちを連れ帰ろうとしていた。無線機から銃声が響いた。教団の兵士が議員らを銃殺してしまったのだ。ジョーンズは無線で言った。

「息子よ……、フレイジャー夫人に会うときが来た」

それは暗号で「集団自決」を意味していた。

「なぜ？　父さん嫌だよ！」

ジュニアの叫びは届かなかった。教団では青酸化合物入りのジュースが信者たちに配られた。飲むのを拒否すれば射殺された。ジョージタウンにいたバスケの選手もジョーンズに従って何人かは喉をかき切って死んだ。

ジュニアは現場に駆けつけようとしたが、ガイアナ警察に拘束された。警察はジョーンズタウンで900以上の死体を発見した。270人以上が子どもだった。ジョーンズは自分で頭を撃って死んでいた。死者の中にはジュニアと結婚したばかりの妻もいた。お腹には彼の赤ん坊がいた。

父が禁じたバスケットの試合のおかげでジュニアは死なずにすんだ。しかし、自分だけ生きていていいのか？　アメリカに帰ったジュニアは信者の遺族に拳銃を向けられ、「殺してやりたい」と罵られた。

それから30年間、彼は苦しみ続けた。素性を知られた途端に勤め先をクビになり、友人や恋人も去った。真実を知っても逃げなかった看護師と再婚して3人の子どもをもうけたが、あれほど好きだったバスケットはやめた。あの日を思い出してしまうからだ。

しかし長男ロブは10歳になると、バスケに興味をもち出した。少しずつ教えるうちにジュニアに昔の情熱が蘇った。彼は少年チームのコーチになった。バスケットの才能を開花させたロブは今、サンディエゴ大学の期待の星として戦っている。

「私はずっと『あのジム・ジョーンズの息子だ』と後ろ指をさされてきた」

ジュニアは人生を振り返って言う。

「でも、最近は『あのロブ・ジョーンズのお父さんですか』と言われる。すばらしいことだよ」

バスケは彼を2度、救ったのだ。

「ボールの射出角度を計算しちゃうんだ」
エリート工科大の勝てないバスケチーム――◆'08年4月

パサデナは、ロサンゼルスの北にある住宅地。新年に大学フットボールの頂上対決「ローズボウル」が開かれることで有名だが、地元のカリフォルニア工科大学――通称「カルテック」では、こんな言葉をプリントしたTシャツが売られている。

「ウチのフットボール部は1993年以来無敗！」

たしかに同大のアメフト部は負け知らずだ。'93年で廃部になったから。

カルテックはアメリカでも最も優秀な理工大学のひとつ。数々のノーベル賞科学者を輩出し、ノーベル賞受賞者が教鞭をとる。ノーベル化学賞と平和賞を受賞したライナス・ポーリング博士も教授だった。あのアルベルト・アインシュタインもカルテックの教壇に立ったことがある。

学生のほとんどが高校の成績はオールA。卒業生総代やSAT（大学進学適性試験）で満点を叩き出した天才がゾロゾロいる。だけどスポーツはからっきし。アメフト部は潰れたし、バスケットボール部「カルテック・ビーバーズ」も生き残ってはいるものの、ディビジョン3（スポーツ特待生を受け入れていない大学のリーグ）でも最弱。なにしろ、'85年から2007年までの22年間で250敗以上という壮大な記録を打ち立て、このたび『クアンタム・フープス』（'07年）というドキュメンタリー映画にまでなってしまった。

「クアンタム」とは、量子物理学などの「量子」のこと。ビーバーズの選手たちは、クラスで量子物理学やロボット工学、DNAについて学び、おそらく将来はアメリカを、いや世界を変えていく科学者になるエリートだ。しかしみんな痩せっぽちで、身長は180センチ以下。しかも高校時代にバスケ部だった学生は半分もいない。シュートで目をつむってるやつまでいたよ」

「ドリブルするときに自分が右利きか左利きか知らない学生もいた。

長年監督を務めるロイ・ドウは、『クアンタム・フープス』の中でため息をつく。彼は選手を補強しようと、全米の高校を回って優秀なバスケ選手に声をかけた。

「しかし、誰もカルテックに合格できなかった……」

名門スタンフォード大学のスポーツ経済学者、ロジャー・ノールもカルテック・ビーバーズのOB。「あなたが在籍してたころから負け続けですね」と聞かれて「勝とうと思えば勝てたけど、しなかっただけさ」と子どもみたいな強がりを言う困った先生だが。

バスケットボールの戦略研究家ディーン・オリバーも元ビーバー。オリバーはボールを支配している時間から攻撃力や防御力を数字で算出する理論などで、現在のアメリカバスケットボール界に大きな影響を与えた人物だが、やはりカルテックの選手時代は勝てなかった。彼の本の書名『紙上のバスケットボール』が、すべてを言い表わしている。

こんな物理の天才たちの集まりなのに、なぜ、彼らはコートでシュートを決められないのか？

「たぶん考えすぎるんじゃないかな」

ドウ監督は言う。きっとボールの最高射出速度とか角度とか、放物線の式とかが頭の中に渦巻いてしまうのだろう。

試合の最中は相手の選手から「ガリ勉野郎、宿題やったか？」と嫌味を言われるカルテックの選手たちだが、もともとみんな真面目なので練習だけは人一倍真剣だった。この努力はついに実った。'06年１月６日、カルテックはニューヨークから来たバード大学との試合に勝った。'06年から２０７試合も続いていた連敗記録はストップし、この事件は全米のニュースで報道された。

それなのにチアリーダーは抱きついてキスしてくれなかった。ていうかカルテックにはチアリーダーいないのよ。ビーバーたちは他の大学のバスケ部みたいに酒池肉林のパーティをするわけでもなく、近所のハンバーガー店でコーラで祝杯を上げただけだった。

しかし、その後はやっぱり負けっぱなしで、翌'07年度の成績もわずか１勝のみ。

「でも希望が見えてきた」

ドウ監督はあきらめない。「5年前は平均して1試合60ポイント差をつけられて負けていた。ところが最近は20ポイント差になってきたんだ」

これが学園コメディ映画なら、ガリ勉チームは得意の科学でボールをリモコンで操ったり、5メートルもジャンプできるスニーカーを開発したりして筋肉バカどもに逆転するんだけど、現実だとそれは反則だからね。

ウィリアム・ペンの呪いが解けた！
フィリーズ、1万敗を超えて世界一に――◆'08年11月

２００８年10月30日、ワールドシリーズが行なわれるペンシルベニア州フィラデルフィアのシチズンズバンク・パークは、地元フィリーズのチームカラーである赤いキャップをかぶったファンで埋め尽くされた。

今回のワールドシリーズは奇妙な顔合わせだった。ナショナル・リーグ優勝のフィラデルフィア・フィリーズは創設１２５年の歴史を誇るが、'07年7月には通算1万敗を記録し、一時はあまりの人気のなさに、こんなジョークまであった。

「なんでフィリーズの試合はこんなに暑いんだ？」

「どこにもファン（扇風機の意味もある）が見えないからな」

対するアメリカン・リーグ優勝のタンパベイ・レイズは１９９８年にできたばかり。'07年までたいていはリーグ最下位で、シーズン１００敗も珍しくなかった。そんなチーム同士が'08年はなぜかどんどん勝ちまくり、世間を驚かせながらついに頂上対決を迎えたのだ。

フィリーズが3勝1敗で迎えた第5戦。7回裏、フィリーズがタイムリーで1点勝ち越し、それを守り抜くのは守護神ブラッド・リッジ。今シーズン41セーブの最優秀救援投手だ。しかし、それでもフィリーズのファンは安心できなかった。なぜなら、フィラデルフィアは〝ウィリアム・ペンに呪われている〟からだ。

ウィリアム・ペンは植民地時代にフィラデルフィア市を築いた人物。州名のペンシルベニアも「ペンの森」という意味で、ペンは信教の自由と民主主義のために先住民と共存し、奴隷制度廃止も夢見た愛と平和の人だった。市庁舎の塔のてっぺんにはペンの銅像が立っており、市の生みの親に敬意を払って、「像の高さ167メートル以上の建築物を市内に建ててはいけない」という暗黙の了解がなされていた。

それが破られたのは'87年。ワン・リバティ・プレイスという名のビルが、市庁舎より121メートルも高く建設された。さらにその姉妹ビルも建てられ、かつてフィラデルフィアを天から見守っていたペンの像は、モダンなふたつの塔に見下ろされ、小さく、心細げに見えるようになった。

そこから呪いが始まった。フィリーズはそれ以来、どうしてもワールドシリーズに勝てなくなり、1万敗という不名誉な記録を打ち立てた。

野球だけじゃない。NFLのフィラデルフィア・イーグルスは、'05年のスーパーボウルに進出したが、ニューイングランド・ペイトリオッツ相手にQBドノバン・マクナブがパスを3回もインターセプトされて惨敗した。マクナブは試合中に嘔吐《おうと》した。インフルエンザに感染していたのだ。

「呪いだ……」

フィラデルフィア市民は怖くなった。

スポーツ界にはいろんな呪いがある。最も有名なのはボストン・レッドソックスの「バンビーノの呪い」。あのベーブ・ルースをヤンキースにトレードに出した呪いだ。シカゴ・ホワイトソックスの「ブラックソックスの呪い」は、'19年の有名な八百長事件に由来する。どちらもワールドシリーズに勝てなくなる呪いだったが、レッドソックスは'04年、ホワイトソックスは'05年にそれぞれ優勝し、呪いは解かれたという。

ところがウィリアム・ペンの呪いは解けそうになかった。'07年に今度は、高さ約30０メートルのビルが建設されたからだ。もう、フィリーズは永遠に勝てないのか。

いや、大丈夫だ。よく見ろ、そのビルの屋上に高さ8センチのウィリアム・ペン人形が溶接されている！

呪いは解けた。

リッジは最後のバッターを三振で仕留めた。28年ぶりの優勝だ！

そんなの迷信だって？　でもフィリーズに負けたレイズのほうも、デビルレイズ（エイの名前）のデビル（悪魔）を取ってレイズ（光線）に改名した途端に万年最下位からいきなりリーグ優勝したんだからね。

シカゴ・カブスのファンはさぞかし悔しいだろう。カブスには「ビリー山羊の呪い」がある。'45年、カブスの本拠地リグレーフィールドでバーを経営していたビリー・シアニスが球場から追い出された。彼が店で飼っていた山羊が臭いからという理由で。怒ったビリーは「カブスはもう勝てない！」と呪いをかけた。それ以来カブスはワールドシリーズで優勝できなくなった。

今も続くこの呪いを解こうとして、カブスはビリーの甥《おい》に山羊を引かせて球場に招くという厄払いの儀式を行なったが、効き目はなかった。ヤケクソになったカブスファンが敵チームの球場に山羊を連れていって呪いを移そうとしたこともある。

まだ信じない？　ではもうひとつのジンクスを。フィリーズが優勝を決めた日、民主党の副大統領候補ジョー・バイデンが応援に訪れていた。大統領選挙の年、ワールドシリーズでナショナル・リーグのチームが勝ったときは民主党、アメリカン・リーグのチームが勝ったときは共和党が勝つといわれているからだ。

で、どうなったと思う？

プロレスラーはキリストである
ミッキー・ローク『レスラー』で復活——◆'09年１月

ランディは50歳過ぎのプロレスラーだ。長年頭に受け続けた衝撃で左耳はよく聴こえない。左ひざは壊れ、心臓は弱っている。それでも彼はリングに上がる。

映画『レスラー』（'08年）の主人公ランディは、何人かの実在のレスラーをモデルにしている。１９８０年代、ランディは国民的スーパースターで、アクションフィギュアやゲームキャラクターにもなった。これはハルク・ホーガンのイメージだ。ホーガンがイランの国旗を振り回すアイアン・シークと戦ったように、ランディの宿敵もイラン人（という設定）の悪役アヤトーラだ。

それから20年後、ランディは地方巡業を続けている。会場は田舎の学校の体育館、観客は１００人もいない。隠し持ったカミソリで自分の額を切り、ハシゴの上から有刺鉄線を巻きつけた机にダイビングし、蛍光灯で殴りあい、工業用ホチキスを打ち込みあい、血みどろで戦ってもギャラはたった２万円。トレイラーハウスの家賃で消えてしまう。

普段はスーパーで働いて暮らしているランディだが、売り場の裏の暗い通路を歩くとき、彼の耳にはかつて巨大スタジアムの通路で聞いた大歓声が響いている。

スターだったころに結婚したが、酒とクスリと女で家庭は崩壊した。娘の養育費も送らなかった。20年ぶりに会った娘からは「あたしを捨てたくせに！」と拒絶される。これは'99年のドキュメンタリー映画『ビヨンド・ザ・マット』で元WWFのスター、ジェイク・ロバーツが娘に再会する場面を参考にしている。

脚本を書いたロバート・シーゲルは、ランディを演じるのはミッキー・ロークしかいないと考えた。ロークも'80年代のスーパースターだったのだ。

『ランブルフィッシュ』（'83年）、『イヤー・オブ・ザ・ドラゴン』（'85年）などでロークは「ジェームズ・ディーンの再来」「マーロン・ブランドの再来」と絶賛され、『ナインハーフ』（'85年）ではキム・ベイシンガー相手に角氷を使うセックスシーンで女性ファンを陶酔させた。

しかし次第に傲慢になり、『アンタッチャブル』（'87年）、『羊たちの沈黙』（'91年）、『パルプ・フィクション』（'94年）などの出演依頼を蹴って、'91年、突如、プロボクサーに転向した。俳優になる前からの夢だったという。彼の試合は日本でも行なわれたが、ロークのヘナヘナの猫パンチでなぜか敵はあっさりKO。八百長だと騒がれた。

8試合を経験した後、'93年にロークはボクシングをあきらめ、俳優に戻ろうとした。仕事はなかった。ガードをほとんどしなかったので顔が崩れ、整形を繰り返すうちに別人のように変わり果てていたからだ。それに、売れていたころに傍若無人《ぼうじゃくぶじん》に振る舞ったから業界で嫌われていた。

たちまち破産し、大邸宅も失った。妻を殴り、警察に逮捕され、妻に逃げられ、ひとりぼっちになった。家賃５万円のアパートに住んだ。人に見られるのが恥ずかしくて、食料品は深夜過ぎてから24時間営業のスーパーに買いに行った。

フロリダに住む弟がガンで倒れても飛行機代を借りなければ見舞いに行けなかった。病院で看護師がロークに言った。

「弟さんはあなたが心配で安らかに死ねないんです」

ロークは病床の弟を抱き締め「兄ちゃんは大丈夫だ。安心しろ」と囁《ささや》いた。弟は笑顔を浮かべて兄の腕の中で息を引き取った。

カムバックへの戦いが始まった。もうわがままは言わず、どんな役でも一生懸命に演じた。業界で失った信用を取り戻すのは難しかった。ただ、ロークを信じる者はいた。彼の映画で育ったファンたちだ。『レスラー』の脚本家も監督ダーレン・アロノフスキーも、青春時代にロークの映画を観てきた大ファンだった。

ロークはランディと一体化した。「みんなに見捨てられたのは自業自得だ。でも、嫌いにならないでくれ」と娘に訴えるランディはミッキー・ローク自身だ。

ランディは心臓を壊し、バイパス手術を受ける。医者は「試合に出たら死ぬ」と警告する。ランディの必殺技は最も心臓に負担が大きいフライングボディプレスなのだ。でも、何もかも失った彼にはプロレスしかない。

プロレスは命がけのスポーツだ。背骨や頭部に衝撃を受ける試合を年間300も行なう。痛み止めやステロイドで心臓はボロボロだ。この数年間だけでバンバン・ビガロ、カート・ヘニング、ロードウォリアーズのホーク、エディ・ゲレロ、リック・ルード、ゲイリー・オルブライト、ゲイリー・ハート、それにクリス・ベノワなどが戦死している。『レスラー』は彼らへの鎮魂歌でもある。

それなのにプロレスは世間から最も軽蔑されている。それは試合が演技だからだ。だからこそプロレスは偉大なのに。格闘技やボクシングの強さは、敵の攻撃を防ぐことだが、プロレスの強さは逆にどれだけ敵の攻撃を受けられるかだ。愚かにも、勇敢にも。

ランディの背にはキリストのタトゥーがある。トップロープから両腕を広げて跳ぶランディは十字架上のキリストに見える。いや、キリストこそは世界最初のプロレスラーだった。敵の技を全部受け抜いて伝説になったのだから。

ホームにランできなかったら、どうする？

全米が泣いた女子ソフトの珍事——◆'09年9月

テレビアニメ版『巨人の星』で、星飛雄馬の大リーグボール1号を花形満が打ち返すエピソードは強烈だった。ボールのほうからバットに当たりに来る1号を、花形はバットに接触した瞬間からスイングして強引にスタンドに叩き込む。だが、全身の筋肉を限界以上に使い切った彼の身体はメチャメチャに壊れ、三塁を回ったところで力尽きて倒れる。

もしホームインできなかったらどうなるのか？　そんな事態はプロ野球でも過去に2回しか例がないらしい。1969年、近鉄のジムタイルはホームランを打つも肉離れを起こして進めなくなった。'91年には中日の彦野利勝がひざを痛めて一塁でストップした。どちらの場合も代走が立てられた。

それほど珍事だから、たとえアメリカの審判が対応を知らなくても無理はない。まして大学の女子ソフトボールの2部リーグの試合では。

2008年4月26日、セントラル・ワシントン大ワイルドキャッツとウェスタン・オレゴン大ウルブスが地区決勝で対戦した。0－0で迎えた2回表、ウルブスの攻撃。無死、走者一、二塁。バッターはサラ・トゥコルスキー。ライトで8番。打率1割5分。生涯本塁打数ゼロ。

1球目はカーブ。これをサラは叩いた。ボールはフェンスを越えた。人生初のホームラン！　自分でも信じられないという表情でサラは一塁を回った。ところが一塁コーチが「戻れ！」と叫んでいる。

「ベースを踏み忘れたぞ！」

あわててサラは踵《きびす》を返した。

ブチッ。

ひざの靭帯《じんたい》が切れ、サラは倒れた。立てない。駆け寄るコーチを塁審が制止した。「触ったらアウトだぞ！」。ウルブスの監督は尋ねた。「代走を使えませんか？」。主審は答えた。「打者自身がホームを踏めない場合、打点はランナーの人数分の2点だけ。記録は本塁打ではなくシングルヒット」。塁審の考えは違った。代走を立てればスリーランになるはずだ。だが確証はない。審判員が戸惑っている間に4分が過ぎた。

「あのー、ちょっといいですか？」

塁審にそう言ったのは、ワイルドキャッツの一塁手、マロリー・ホルトマンだった。

「私が彼女を運んだらダメですか？」

「なんだって？」。塁審はあわてて考えたが、敵チームの選手が走者を助けることを禁じるルールは思い出せなかった。「……好きにしなさい」

「リズ！　手伝って！」。

マロリーは遊撃手のリズ・ウォレスを呼んだ。ふたりはサラの脇の下に肩を入れ、ももを下から抱えて持ち上げ、ダイヤモンドを回り始めた。ベースを通過するたびにサラの足を下ろし、ホームまで回った。このホームランが決定打となり、マロリーのワイルドキャッツは優勝を逃し、4年生の彼女にとって最後の試合となった。

人口1万7千人の田舎町エレンズバーグで起こった小さな出来事。目撃者は100人にも満たない。でも今はネットの時代だ。この件はスポーツ専門ケーブルテレビ局ESPNのウェブで報じられると、あっという間に全米の話題になった。You Tubeでは20万ヒットを記録した。マロリーたちはワイドショーに何度も出演させられた。ワイルドキャッツには全米から寄付金250万円が集まった。

なぜ、これほどまでに全米は熱狂したのか。メジャー・リーグではスラッガーたちが次々にステロイド使用を暴かれ、バスケやアイスホッケーでは年俸数十億円の選手たちが醜《みにく》いスキャンダルにまみれ、大統領は石油や軍事産業のためにイラク戦争を起こし、証券マンや銀行家が無責任に住宅ローンをバラまいて世界金融危機の引き金になった。そんな私利私欲の時代に、マロリーのスポーツマンシップは得がたき清涼剤だったのだろう。

マロリーたちへの講演依頼は途切れることがなく、それをさばくために彼女らは芸能プロと契約した。6千人の住宅ローンブローカーの集会に呼ばれて無私の精神を説くことさえあった（笑）。

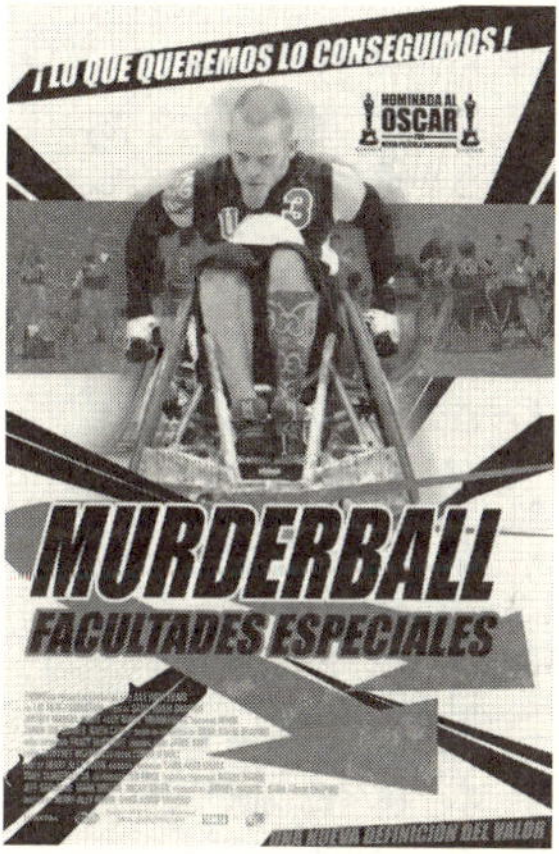

日本では「車椅子ラグビー」と呼ばれるマーダーボール。選手たちは相手のゴールを阻止するために車椅子で激突する。

腕と脚に障害を持ちながらアマチュアレスリングの選手として勝ち進んだカイル・メイナードの座右の銘は「No Excuse」。

『レスラー』でミッキー・ローク演じるプロレスラーのランディは、身体中に爆弾を抱えながらもリングに上がり続ける。

あとがき

本書は、集英社のスポーツ雑誌「Ｓｐｏｒｔｉｖａ」に連載されたエッセイを集めた単行本『アメリカは今日もステロイドを打つ』の文庫化です。単行本は二〇〇九年二月に発行されましたが、その後も連載は二〇一〇年四月の「Ｓｐｏｒｔｉｖａ」休刊まで続きました。この文庫には単行本未収録のエッセイ七本が収録されています。

「Ｓｐｏｒｔｉｖａ」には二〇〇一年の創刊から休刊まで、十年弱にわたって百本ほどのコラムを書きました。この単行本に入っていないものは、『ＵＳＡカニバケツ』（ちくま文庫）、『キャプテン・アメリカはなぜ死んだか』（文春文庫）で読むことができます。

「スポーツそのものについてじゃなくて、スポーツから見えてくるアメリカについて書いてください」と連載を依頼してくれた伊東さん、その後の担当で、ヴァンクーヴァー五輪を取材する機会も与えてくれたたけしたさん、この文庫のために、徹底的ともいえる本当の意味での解説を書いてくれた水道橋博士さん、担当の飛鳥さん、その他の皆さまに感謝します。

二〇一二年六月　カリフォルニア州バークレーの自宅にて

解説

水道橋博士

ご承知の通り、この本の著者、町山智浩さんの本職はスポーツライターではなくアメリカ在住の映画評論家である。

毎年、町山さんの選ぶ、年間ベスト10は日本のボンクラ映画ファンに注目されている。

さて、その町山さんが選んだ２０１１年ベスト１映画は『宇宙人ポール』であった。

大筋はイギリス人のＳＦオタク二人組がアメリカでエイリアンと遭遇するコメディだが、ＳＦ映画へのオマージュやパロディが随所にちりばめられている。

この映画を日本で最初に上映したのは、２０１１年9月に開催された『第4回したまちコメディ映画祭』──。日本語字幕を担当した町山さんは、我々、浅草キッドを従え、舞台で映画解説トークショーをした。

「スピルバーグ映画に憧れ、オジさんになってアメリカに渡って、ハリウッドが描いた映画の世界とは全く違う本当のアメリカを見てびっくりする、という主人公は実はアメリカ人にとってエイリアンであるオイラ自身なんですよ……」と真面目《まじめ》に語る町山さん。

ちなみに、壇上では漫才師のボクたちが黒スーツ、サングラス姿のＭＩＢスタイルで、その間に挟まれた町山さんは、下半身のポールもっこりの全身タイツ姿の〝捕まった宇宙人〟のイデタチであった。

かように〝おふざけ〟がないと〝ごもっとも〟なことを人前で語れない、常に思考の中心線、男のポールに〝バカ〟の筋が通っている人なのだ。

それは、ボクが町山さんと、２００９年から3年間共演した昼間のＴＢＳラジオ『キラ☆キラ』でも同じく、生放送だと言うのに、毎週、国際電話越しに、直球のエロワードをボンボン投げ込んでくるのを常とした。

よって、この名物コラムの町山さんの呼び込みのキャッチフレーズは〝映画とエロの伝道師〟であったが、途中から「年頃の娘が聴いているから変えてヨ〜」と町山さんから泣きが入り、〝映画とエロスの伝道師〟と一文字加え、エロス＝性愛を語る神、つまり〝神様〟に昇格させる折衷案で決着した。

今やネット界でも無敵の論客として〝神〟格化し、内田樹先生からは、その評論を「神託」とまで崇《あが》められ、「最新型の権威」（©樋口毅宏）と認識されるほどの町山さんだが、しかし、ボクがその存在を知ったのは今から20年以上も前、「神」どころか「バカ」と呼称された80年代であった。

早大卒業後正式入社した宝島社の新米社員時代、『宝島』本誌で担当だったみうらじゅんさんから「バカの町山」と命名され、名物編集者として、よく誌面に登場していたのだ。

そんな元「バカの町山」さんが、ある事件を、きっかけに、日本のサブカルの島嶼《とうしょ》・宝島からアメリカ大陸に渡ったのは1997年のことだ。

それでも自身が立ち上げた雑誌『映画秘宝』や他のサブカル雑誌へ寄稿を続け「映画ライター」を名乗っていたが、ようやく2002年に『映画の見方がわかる本』（洋泉社）を上梓。

晴れて「映画評論家」を名乗ることとなる。

（このあたりの肩書き、プロ意識への線引き、矜持《きょうじ》は、町山さんの強いこだわりがあると思う）

その後、在米10年を超えてからは、アメリカの大衆文化、サブカルチャーの紹介、観察、分析のエッセーを各紙で量産、このジャンルでは、もはや他の追随を許さない独壇場となっている。

アメリカの政治システム、産業構造や社会の歪みを小難しく語る人は今まで多々いただろうが、我々が日常に接する映画やテレビ、ゴシップ、文化の裏側を、所謂《いわゆる》、サブカル視点で、ここまで軽やかに、そして下世話に紹介する書き手は今までいなかった。

特に2008年後半から2009年にかけて「バカのアメリカ」を抉《えぐ》り出す、単行本は共著一冊を含め、5ヶ月で5冊の上梓の固め打ち。

まるでソーサかマグワイアか、はたまたバリー・ボンズか、彼らの疑惑のホームランのようなハイペースだった。

『アメリカ人の半分はニューヨークの場所を知らない』（文藝春秋）
『キャプテン・アメリカはなぜ死んだか　超大国の悪夢と夢』（太田出版）
『新版　底抜け合衆国　アメリカが最もバカだった4年間』（洋泉社）
『アメリカは今日もステロイドを打つ　USAスポーツ狂騒曲』（集英社）

本書は、この町山版〝アホでマヌケなアメリカ白人〟政治、宗教、芸能、ゴシップなどに書き分けられた4部作とでもいうべきシリーズのスポーツ編と言えばいいだろう。

これらの矢継ぎ早の量産時期は、ようやく2期満了を迎えつつあった、ジョージ・W・ブッシュ政権末期に重なり、日本にも遅まきながらに芽生えた、ブッシュ政権への厭戦感と猜疑心に、町山さんの多産の供給がその鬱憤晴らしとして応えていった。

ボクは、この頃、町山さんがコラムニストとして出演するラジオ『コラムの花道』の熱烈なリスナーであり、当時、面識は無かったが、ラジオや出版界だけでなく、テレビ界にも〝語り部〟として世に知らしめたいと画策した。

それは「町山智浩サブカル版・池上彰化計画」と題して実行された。

（ご本人は、この名称を嫌がっていたが……）

まず、ボクが司会するネット番組『博士も知らないニッポンのウラ』で、町山さんにゲスト出演して頂いた。

その際、本書でも紹介されている日本で公開されていないドキュメンタリー映画が見たい！と嘆願、この企画は、後にTOKYO MXで『松嶋×町山　未公開映画を観るTV』と題したレギュラー番組になる。

そこでは、「まえがき」で語られるドキュメンタリー映画『もっとデカく、強く、速く！』や『サーフワイズ』も本邦初公開され、上記4冊のなかで紹介されている未公開映画の数々も放送された。

（余談だが、2011年1月18日に渋谷で開催された『未公開映画祭』では、全放送をチェックしているという噂《うわさ》があった長州力さんを急遽《きゅうきょ》ブッキング、まさに掟破《おきてやぶ》りの異種格闘技戦であった。あの長州力がプロレス界から映画界の38度線を「またぐ」とは誰が想像出来るだろう？）

異ジャンル交流と言えば、文春の『アメリカ人の半分は――』の単行本の帯文をボクが書かせてもらったときのこと——。

「殿（ビートたけし）に『今、一番、面白い評論家は誰だ？』と聞かれた。俺は自信たっぷりに『町山智浩です！』と答えた。もし、疑うなら、この本を読んで欲しい!!」

と、殿の知名度を利用した一文を寄せたが、その直後に殿に「じゃあ、その町山さんに会おう！」とホントに言われ、銀座の高級フランス料理店をセッティングし、一緒にお食事することになった。

「さすがに黒のTシャツじゃ、まずいでしょ」と、町山さんが、わざわざ直前にYシャツと背広を買いに行ったことや、殿が「町山さんってなんでアメリカに行ったの？」と尋ねると「あのぉ……僕、たけしさんをマネて出版社を襲撃したんです！」と答えたのは、大笑いだった。

そして現在、「町山さんの淀川長治スタイルの映画解説が聞きたい！」という、更なるボクの願望が、WOWOWで実現。その解説は、恒久的にインターネットでも見ることが出来るのだ。

『もっとデカく、強く、速く！』ではないが、「もっと！　もっと！　町山を！」とボクが一方的に片思いで日本で描いた計画は、本人は在米のまま日本で次々に実現していった。

以上、ボクと町山さんとの交流を書いたが、本の解説に戻ろう。

本書は、どの一篇も4ページ前後と短いが、どれも映画一本分のドラマ性を持ちながらも「おバカなアメリカ」をスポーツの側面から捉えた実例集、言わばガイドブックに過ぎないのが特徴だ。

だから、小難しい論評も、分析もない。悲惨な話、根深く残る差別、間抜けすぎる現実が、次から次へと決して声高にも陰惨にもならず、淡々と掌編が続く。

倒置法の多い翻訳調、読点の多い短文調を駆使して調べ上げた事実を紡いでいき、必要以上に「だからアメリカは！」なんて講釈を付加しない。

常に冷笑的であり微温的なのだ。

それが逆に、読者は自分の力でアメリカの病巣を抉った気分になり、白黒の抽象にとどまっていた批判が、まるでカラー映画になった気がする。そして、すぐにでも受け売りしたくなる。明日にでも飲み屋でどれか一篇でも講釈して、アメリカ批判を気取りたくなる。

この本を読んだ副作用は、読者の受け売り症候群だろうとさえ、思えるほどに中毒性があるのだ。

世界中が羨望の眼差しで注視する巨大産業でもあるアメリカンスポーツを描いたエッセーとしても、のっけから視点がアイロニーに満ちている。

なにしろ、第1章から、初めの3篇で、プロスポーツに夢見る読者を谷底へ突き落とす。

大学生、高校生、小学生のアマチュアアスリートの夢と希望を木っ端微塵に粉砕する。ステロイドの副作用による自殺未遂。プロになることの狭き門。そして全米のプロスポーツ人口は、たったの2400人という事実!!

翻って「マイクロソフトは1社だけで1万人の雇用がある」との意見を引いてきて対比させる。

そして、アマチュア選手の70%は高校卒業までに辞めてしまい、親の夢を背負わされているだけだと。スタローンが、シュワちゃんが、ホーガンが、ボンズが免罪符となり、ステロイドの使用率の85%は実はアマチュアだという現実。

誰もが憧れるアメリカン・ドリームそのものである、スポーツの光と闇、いや、むしろ人生の陥穽《かんせい》、「栄光前の挫折」そのものの存在を淡々と教えてくれる。

第2章以降は、才能に恵まれ、夢を摑《つか》み、栄光を手に入れてしまう数少ない勝者が辿《たど》る常人離れした地獄行き、怪奇な生き方にスポットを当てる。

リアル・スポーツであるはずの、MLBやアメフトに、ステロイド八百長が蔓延したり、元々ソープオペラに過ぎないはずのプロレスが、その人間模様、筋書きを越えたガチンコの破滅的人生に辿り着く宿命を暴く。

新日本プロレスの常連外国人であったクリス・ベノワは何故、非業の死を遂げたのか？　ボクも日本のマットで、その活躍した勇姿を知るだけに読み進めるうちに、しばし、ため息と共に想いを馳《は》せた。（また一方で、あのテッド・デビアスが「ミリオンダラー・マン」の後に牧師に転じているとは思いも寄らなかった）

キューバ出身の元・大リーガーのホセ・カンセコも、この本によって別の意味での偉大なる〝大砲〟として長く記憶に残るだろう。

その後、格闘家に転身し、日本で韓国の大巨人、チェ・ホンマンとも対戦。まさに〝キューバしのぎ〟のマッチメークだったが、性別を超え、相手を選ばない節操のなさにも、さもありなんと納得した。その試合中にボクは本の挿話を思い出し、彼の股間のバットの大きさ、規格外の勃起角を凝視し、そこから別れた妻や、彼女の父親のエピソードまで妄想が隆起した。

そして、日本でも〝一番〟おなじみのプロレスラー、ハルク・ホーガンが辿った「その後」は、さらに興味深い。

家族総出でリアリティショーに出演したホーガンは、常に脚本に動かされていたマット界でも演じて来なかったような、想像を絶するダッチロールに飲み込まれ、家庭崩壊の道を突き進んでいく。

日本のプロレス史上に残る大番狂わせのＩＷＧＰの決勝を上回るドタバタ劇の主人公

になっているのだ。

しかも、今もガチとドラマが倒錯をきたし、終わらない狂ったホーム・ドラマとして現在進行形で継続している。（実は、この本で語られるホーガン一家の物語は、まだ序章に過ぎない、最新の話題ではホーガン本人のセックスビデオが流出中で話題騒然。スキャンダルで身を沈めるどころか更に注目を浴びていく。アメリカ人はなんて〝判官贔屓《びいき》なのだ！）

しかし、他人の不幸をほくそ笑みながら読み進めていくうちに、そのアメリカの象徴たるホーガン一家の倒錯は、世界の警察を名乗りながら、言い掛かりの戦争をし、世界一の繁栄をしながら、サブプライム住宅ローンで偽りの繁栄を謳歌していたアメリカそのものだと、透かし絵のように浮かび上がる。

町山さんの皮相的にならない、実地で鍛えてきた観察眼が、社会自体が劇場化したアメリカの現実社会をまるで優れた映画評論のように嚙《か》み砕いてくれる。

「アメリカについてしか知らない人はアメリカについて何も知らない」という格言があるように比較文化論の要諦は互いの文化圏で、実際に生活することだろう。

本書の連載が開始された2005年頃の町山さんは、カリフォルニア州のベイサイドに住んでおり、そこは全米屈指の治安の悪い地域だったが、そのデメリットさえも度々、前述の他の本のコラムとして笑い話に転化している。

2007年からは現在も在住しているバークレーに移る。

しかし、そこでも地元紙のスポーツ面で、カルト集団・人民寺院の教祖の孫息子が、今は高校でバスケをし、地区優勝に導く活躍してる記事を日にする話は、本書で語られた通りだ。

アメリカ全土の隅々にホームラン級のネタが転がっている。それは、この本にも描かれる、まるで球場を渡り歩きながら、コラムというボールを集めるマニアックな「スナッグ（球拾いのプロ）」を彷彿させる。

日本でも「アメリカでは〜〜」と語りだす自称・事情通も多いが、大衆が詳しく知らない、相互監視が機能しないところに、嘘《うそ》やデタラメがはびこることを、この在米のコラムニストは知っている。

だからこそ、偏狭な日本の議論を、遠距離からサーチライトのように監視し、俯瞰的《ふかんてき》な視点で、エイリアンのように攻撃することの出来る異能の論者で居続けられる。

アメリカに住んでいても、町山さんには筋肉増強剤はいらない。ナチュラルの知の強さがある。あまりにも頭の良すぎる文化系不良であり、見せるムキムキの筋肉に価値を置かないでもナチュラルにムキになって相手の目に余る不正を正していく。

かように町山さんのコラムは、手品師がミスディレクションするように、人々が一つのものの見方に目を奪われてる時こそ、裏の見方、別の視点を探る。そこが真骨頂だ。

第6章の「多民族国家のバトルロイヤル」での、スコット・フジタや、ハインズ・ウォードの苦難の人生、知的障害者のスペシャル・オリンピックスに潜入する映画『リンガー！』へ町山さんが注ぐ眼差しは温かい。

続く第7章は、この本の白眉とも言える「敗れざる者たち」。

ボクにとっては、この章に書かれた話は初出誌を切り抜いて保存していたほど印象深い逸話の数々だ。

「『ミリオンダラー・ベイビー』を書いたカットマン」の話は、何故、イーストウッドがこの本の映画化に着手したのか、映画のサイドストーリーとしても秀逸だ。

そして、パラリンピック女子スキー殿堂入りのダイアナ・ゴールデン。半身不随、四股欠損のアスリートたちのあまりにも偉大な生涯を、短くまとめているが、何度、読んでも鳥肌が立ち唸《うな》らされる。

実際、お笑い芸人としても、この章は示唆に富む。人種問題、障害者問題……タブーのオンパレードであるが、ただのお涙頂戴の感動物語にすることはない。見事に両義的、健常者と障害者のアンビバレントな感情を揺り動かす「ネタ」になっている。

そして、最後に語られるのは、人気レスラーになりながらも、耳や膝から心臓まで満身創痍のまま血だるまでギャラ2万円で戦い続ける50過ぎのレスラーを描いた映画『レスラー』の話。

主役を演じるのは、実生活で破産し、妻を殴り逮捕、家賃5万円のアパートに住む、かつてのハリウッドスター、ミッキー・ローク。

この本は、夢の国アメリカで、挑戦権が等しく与えられる「栄光前からの挫折」で始まり、最後に「栄光後の挫折」を置く対構成にして終わる。

実は、この映画は2008年のヴェネチア映画祭の金獅子賞作品でもあり、同年の町山智浩のベスト1である。

そう言えば、この映画を語る時も、町山さんは、主役のミッキー・ロークを自分に重ね合わせていた。

ミッキー・ロークが、ボクサーに突如転向、映画界に戻る場所もなく、家も財産も奥さんもすべてを失ったかのような人生の分岐点を迎える、丁度、その頃――。

1996年、町山さんも、宝島社からの左遷先、洋泉社で立ち上げた映画雑誌『映画秘宝』の編集長時代、業界の老舗『キネマ旬報』の挑発に乗り、事件を起こし映画界を去った。

それは、文字通り〝バカ〟なことをしたのだ。

これこそが、前述の「たけしさんをマネて出版社を襲撃」した伝説の『町山智浩キネ旬襲撃事件』だ。

ただし、ビートたけし一行はフライデー襲撃事件で消火器を用いたが、泡違い、町山さんはシェービングクリームテンコ盛りパイで相手副編集長に顔射の奇襲攻撃をやってのけたのだ。

洒落《しやれ》っ気たっぷり、プロレスをしたつもりの町山さんだったが、相手や会社はシュートと受け取った。この一件は、ローク同様、不可逆的な人生の選択ミスとなった。言論に対する武力行使、専守防衛の掟を破った責任を取り退社し、そして35歳の時、その後、IT企業に再就職を果たした妻の稼ぎに生活費は頼り、幼い一人娘の育児を本人は無職のままアメリカの大学院に留学する妻に付き添い渡米する。

任され主夫生活も体験する。

つまり異国で不逞無頼の日々を送った……。

そして、そのボンクラそのものである雌伏の時間を経て、町山智浩は「映画ライター」から「映画評論家」への「通過儀礼」を終えてリターンした。

この日本という場所からの「離反」、限られた時間の「移行」こそが、プロの評論家への「結合」を生み、今の町山さんの言葉の強さと弱者への視点のやさしさを作ったのであろう。

あの時のことに触れ、町山さんは語っていた。

「ミッキー・ロークはオイラ自身なんですよ！」

そう、あのキネ旬編集部に乗り込み、町山さんがパイを投げた、その瞬間こそが、後先を考えず、無謀にもトップロープからダイブするランディそのものなのだ。

この本で何度も繰り返される「栄光」と「挫折」の物語。

実は、人生のある一瞬に「飛躍」するものは必ず「落下」する。

しかし、その転落を予知しながらも、飛躍をためらうものには他人に語る自らのドラマとてないのだ!!

どん底から何度でも立ち上がる、敗れざるもののみが、真に読者に反響する言葉を得るのだろう。

実は、ガイドブックに過ぎないと書いた一冊の本が、過ぎたる言霊とリリシズムを有しているのだ。


今年、ゴールデングローブ賞では紋付袴姿の町山さんが、レポーターとしてレッドカーペットを歩いていた。

そしてWOWOWのアカデミー賞の生中継では裏方として、俳優、監督、ハリウッド関係者の顔を瞬時に見分け、名前を言い当てる芸当で中継の司令塔役も務め上げた。


しかし、ボクは夢想する――。

我らが町山智浩にピンスポットが当たる大いなる晴れ舞台に立つ日のことを。

それが評論か文芸か、あるいは映画作品なのかはわからない。

あの『宇宙人ポール』で、コミコン（アメリカのコミケ）に訪れるイギリスの冴えないオタクたちが、2年後、宇宙人小説で大成功、ついにメインゲストとして登壇する大団円のラストのように……。

そして、その時は、壇上でポールをおっ立てて、思いっきり、しょうもないシモネタをかましてくれるだろう！

この作品は二〇〇九年二月、集英社より刊行されました。文庫化に際し、以下の七篇を新たに収録しました。

初出「アメリカン・スポーツNOW」(『Sportiva』)
ウガンダの少年兵から世界王者へ　二〇〇九年十一月号
ヨットで世界一周に挑んだ16歳　二〇〇九年八月号
女に撃たれるスター選手たち　二〇〇九年十月号
「殴られても大ファンです!」　二〇〇九年十二月号
ドミニカはメジャー・リーグの植民地　二〇〇九年七月号
「オールアメリカン」なのに白人だけ?　二〇一〇年六月号
ホームにランできなかったら、どうする?　二〇〇九年九月号

集英社文庫

アメリカは今日《きょう》もステロイドを打《う》つ　USAスポーツ狂騒曲《きょうそうきょく》

2012年7月25日　第1刷　　定価はカバーに表示してあります。

著　者　町山智浩《まちやまともひろ》
発行者　加藤　潤
発行所　株式会社　集英社
東京都千代田区一ツ橋2-5-10　〒101-8050
電話　03-3230-6095（編集）
03-3230-6393（販売）
03-3230-6080（読者係）
印　刷　凸版印刷株式会社
製　本　凸版印刷株式会社

フォーマットデザイン　アリヤマデザインストア　　マークデザイン　居山浩二

ISBN978-4-08-746860-1 C0195